세계화의 불안

필리프 프티의 내일을 위한 대담

자키 라이디

김종명 옮김

東文選

세계화의 불안

Zaki Laïdi

Malaise dans la mondialisation

개 요

서 문 ──────────────────────────────── 7

■ 미래가 없는 현재? ──────────────────── 11

우리가 지금 속해 있는 세계의 시간은 역사 속으로의 투사보다는 현재의 현상학과 더 큰 관련을 맺고 있다. 그래서 세계의 시간은 즉시성 속에 우리를 가두어 두고 응급성 속에 우리를 살게 하는 경향이 있다.

■ 엄청난 두려움의 근원 ──────────────── 45

세계화는 바로 사회적 합일의 무게 중심을 국가에서 세계로 옮겨 놓았기 때문에 우리의 상실감을 더욱 고조시키고, 로맹 롤랑이 '대양의 감정'이라고 부른 그 감정을 우리에게 갖게끔 만들고 있다.

■ 좌파, 국가, 그리고 자유주의 ────────── 103

세계화는 시장에 맞서서 정치의 독립성을 수호해야 한다는 동일한 과제를 갖고 있는 좌파와 자유주의자들에게 똑같이 문제를 제기하고 있다.

■ 새로운 프랑스식 모델 ──────────────── 135

세계화는 프랑스식 사회모델에 지금 정면으로 타격을 가하고 있다. 그러나 이로 인해 프랑스식 사회모델이 피할 수 없이 변화를 겪는다고 해도 과거와 근본적으로 단절이 있게 하는 그런 변화를 겪는 것은 아니다.

■ 결론: 약속으로서의 세계화 ──────────── 153

서 문

"무엇인지 그 정체를 모르는 어떤 무서운 사태에 의해서, 괴물같이 무시무시한 역학에 의해서, 단지 교환의 수단으로 사용되어야 할 것이 교환되는 가치 그 자체가 되어 버렸다." 이 말은 아리스토텔레스가 《정치학》에서 이자 대출과 돈의 미친 듯한 생성 및 변천에 관해 언급한 대목을 논평하면서 샤를 페기[1]가 한 말이다. 샤를 페기가 오늘날 벌어지고 있는 교역의 세계화와 자본 시장에 의한 경제 전반에 대한 점증적인 지배 현상을 본다면 과연 무슨 말을 했을까? 아마도 그는 시간이 빠르게 질주했고, 자본주의는 이제 우리의 운명이 되어 버렸다고 말했을 것만 같다. 돈에 대한 경외가 해묵은 것이라면 경쟁에 의해 지배되는, 세계화된 세계에 대한 공포는 새로운 것이라고 말할 수 있다. 틀림없이 국제 경제는 오래전부터 있어 왔고, 투기에 대한 공포 역시 옛날부터 있었던 것이다. 그러나 수세기 동안 대륙간의 교역은 아주 미미한 정도로 머물러 있었고, 돈은 오늘날의 이런 정도로 추상화되지는 않았었다. 파트릭 베를레[2]에 의하면, 서구의 경

---

1) Charles Péguy, 20세기초에 활동한 프랑스의 가톨릭 참여 작가. 〔역주〕
2) Patrick Verley, 프랑스의 현대사 전공 역사가. 〔역주〕

제는 1730-1750년에서 1800-1890년에 이르는 긴 시간을 보낸 후에야 비로소 생산과 소비의 측면에서 세계적 차원에 도달했다. 그렇지만 베를린 장벽이 무너진 이후로 전 세계는 단번에 이 세계적인 차원에 들어섰다. 돈을 해방시키면서 인간은 시간을 해방시켰고, 시간을 해방시키면서 인간은 공간을 해방시켰다. 이제 진정한 문제는 인간이 가동시킨 이 무서운 역학으로부터 인간 자신이 해방될 수 있는가 하는 것이다. 다시 말해서 지금 벌어지고 있는 교역과 문화의 세계화가 경제주의의 승리를 나타내는지, 혹은 자칫 주의하지 않으면 시장과 민주주의 붕괴의 단초가 될 수 있는 몇몇 이익 주체들의 승리를 지시하는 것인지를 자문해 봐야 한다. 우리는 세계화를 경제적 의미의 세계화로 축소시키지 않을 때 비로소 그 질문들에 대해 답할 수 있다. 우리가 자본주의의 철창에서 나오려면 그 쇠창살을 부숴야 하는 것이다.

바로 그런 문제에 관해서 답을 찾을 수 있도록 우리를 도울 수 있는 사람이 자키 라이디이다. 시앙스포[3]대학의 교수이자 CNRS(Centre national de la recherche scientifique; 프랑스 국립과학연구센터)의 연구원인 그는 세계를 변화시키되 단지 경제적 세계로만 변화시키고, 우리에게 비전을 주고 일관된 미래로의 투사 안에서 우리를 정의하기보다는 서두름과 응급함의 논리에 우리를 굴복시키는 이 '세계의 역동적인 역학'이 지니고 있는 의미를 밝혀 줄 것이다. 《방향을 상실한 세계》(페이야르 출판사, 1994)

---

3) Science-Po, 프랑스의 사회과학을 가르치는 전문대학(그랑제콜). 〔역주〕

와 《세계 시간》(콩플렉스 출판사, 1997)의 저자이기도 한 자키 라이디에 의하면 세계화는 다행스런 일도 불행한 일도 아니다. 그것은 우리가 따라야 할 이상적인 모델도, 그렇다고 피해야 할 함정도 아니다. 그것은 "시장을 초월하여, 더불어 산다는 것에 대해서 과연 우리가 무슨 의미를 부여할 수 있는가라는 근본적인 질문에 이제 답을 해야만 하는 모든 사회들이 치러야 하는 하나의 사실 검증 시험"이다.

그렇다. 더불어 산다는 것에 과연 무슨 의미를 부여해야 하는가? 왜냐하면 세계화는 그것이 지니는 사회적 · 정치적 · 문화적 쟁점들을 통해서 마치 1930년 프로이트가 우리에게 진단한 불안을 상기할 만한 그런 전 세계적인 '불안'을 야기한다는 사실을 이제 더 이상 숨길 필요가 없기 때문이다. 세계화는 세계 리듬의 가속화와 공황의 징후이고, 점점 더 날카로워지는 사회와 문화들 간의 상호 침투를 드러내 주는 현상이다. 세계화는 "모든 것의 역할이 재조정되고 이제 더 이상 전과 동일한 것은 아무것도 없을 것이라는 단 하나의 확신만을 갖게 하는" 역사적인 순간이며, 오늘날 형성되어 움직이고 있는 그것이 지닌 경제적 · 문화적 역동성의 힘의 방향을 어떤 일이 있어도 우리가 전환시킬 방법들을 찾아야만 하는 바로 그것이다.

그렇다면 과연 어떤 방법으로 그렇게 할 수 있는가? 이것이 바로 자키 라이디와의 대담을 통해 우리가 답을 얻고자 하는 물음이다. 아울러 우리는 이 대담을 통해 자키 라이디가 세계화에 대한 이런 불안을 우리에게서 해소해 주기를 바라고 있는 것이다. 작가로서 이미 확고한 지위를 누리고 있는 그는 사회 제현상에 대한 학제적(interdisciplinarité) 연구와 통합적 분석을 하는 비전형적인 학자이다. 철학자요 경제학자이며 사회학자인 동시에 정치평론가인 그는 무엇보다도 우리 세계를 지배하는 힘들의 관계와 그 관계를 지탱하고 있는 가치들을 서로 유기적으로 연결하고자 한다. 그는 또한 세계적인 체계의 변형과 그 변형을 사람들이 어떻게 표현하는지에 대해 많은 관심을 갖고 있다. 그리고 동시에 세계의 현 상태와 역사의 방향에 대해 성찰하고 있다. 그러므로 우리는 그와의 대화 속에서 어떤 묘약과 같은 해결책도, 분노한 자가 내지르는 반항의 외침도 발견하지 못할 것이다. 이런 것들보다는 차라리 노조원뿐 아니라 교수, 평범한 시민, 이 모든 사람들의 흥미를 끌 수 있는 연구의 궤도와 행동 명제들을 찾을 것이다. 자키 라이디는 대담 속에서 프랑스, 좌파, 보편성의 위기, 문화적 획일화의 위험에 관한 이야기를 하면서 우리에게 결코 그의 관점을 주입하려 하지 않았다. 또한 세계화가 우리 각자에게 치명적인 운명이 되기보다는 창조의 샘이 되게끔 우리 모두가 세계화에 적응해야 한다고 우리를 설득하려 하지도 않았다. 그렇지만 그것은 바로 그가 선택한 바이고, 또 동시에 종종 뜨겁게 달궈져 있었고 줄곧 열려 있었던 그와의 대담을 통해서 결국 우리가 선택한 바이기도 하다.

필리프 프티

미래가 없는 현재?

미래가 없는 현재?

■　일전에 당신은 한 글에서 다음과 같이 말했다: "세계
화는 20세기말 우리 사회를 묘사하는 대표적인 표현처럼 제
시된다. 그렇지만 세계화란 표현이 작금에 지니고 있는 이런
대중성이 아무런 위험 요소를 지니고 있지 않은 것은 아니다.
우선은 부정확성 또는 애매모호함의 위험성이 있다. 왜냐하
면 모든 것을 다 포함시킬 수 있다는 점에서 세계화는 너무
일반적이고 광범위한 수준에 머무르게 되기 때문이다."[1] 바로
이런 암초를 피하기 위해서 그리고 당신의 분석을 보다 구체
화하기 위해서, 너무 좁지도 그렇다고 너무 광범위하지도 않
게 세계화를 정의내렸으면 하는데 당신은 어떻게 정의를 내리
겠는가?

세계화는 각 사회가 문화적 또는 사회적으로 서로 좀더 내밀
한 관계를 맺는 상태로 들어오는 것을 의미한다. 또 세계화는 이
런 각 사회간의 밀착이, 그런 밀착을 우리가 원하든 원치 않든
간에 또 그런 밀착이 실제적인 것이든 과장된 것이든 간에, 세

---

1) 자키 라이디, 〈세계화 또는 불확실성의 극단화 La mondialisation ou
la radicalisation de l'incertitude〉, 《에튀드 *Études*》, 1997년 3월호, p.293.

계를 보고 듣고 경험하는 우리 자신의 방식에 미치는 모든 연쇄적인 결과를 의미한다. 좀더 쉽게 풀어서 말하자면, 세계화는 캘리포니아의 한 정년퇴직자가 자신이 투자한 연금을 매개로 해서 아르장탱[2] 시의 고용 문제에 영향력을 행사할 수 있음을 의미한다.

세계화는 우리 모두가 하나의 세계에 속함으로써——그 소속이 실제적인 것이든 상상적인 것이든 간에——파생되는 일련의 정치적·사회적·경제적·문화적 결과들을 한데 묶어 놓은 것이다. 그러므로 그것은 단번에 우리의 감정을 자극하고, 우리가 보고 살고 생각하는 방식을 변화시킨다. 그것은 가속이 붙은 시간과 우리와의 관계 그리고 점점 좁아지는 공간과 우리와의 관계를 뒤엎듯 바꾸어 놓는다. 그러므로 세계화는 인간 세계가 가속화의 양식 속에 있는 시간과 압축의 양식 속에 있는 공간과의 관계를 재정립해야 하는 역사적 시점과도 깊은 관련을 맺고 있다. 모든 것들이 자신의 정체성을 재정립해야만 할 것 같은 시점이다. 확실한 것은 이제 전과 동일한 것은 더 이상 아무것도 없을 것이라는 사실이다.

■ 모든 것들의 정체성이 재정립된다. 그러나 모든 사회가 타자의 시선하에 놓이게 되는 이런 전 세계의 긴밀화·축소화는 극단적으로 대립되는 양면의 성격을 지니고 있다.

---

2) Argentin, 프랑스 도시 이름. 〔역주〕

그렇다. 모든 것이 우리에게 가까이 다가올 때 우리가 취하게 되는 자연스런 태도는 그런 긴밀성과 거리를 두고자 하고, 그 긴밀성을 여과해서 취할 것은 취하지만 나머지 것들은 배제하려는 태도이다. 바로 이런 점이 세계화가 진행되면 될수록 세계화가 반대급부적으로, 때로는 과격한 방식으로 서로간의 차이와 거리를 만들어 내는 이유인 것이다. 그러므로 세계화는 나와 타자 사이의, 여기와 저기 사이의, 그리고 안과 밖 사이의 긴장인 것이다. 따라서 세계화는 자신의 경계를 확인하는 정의를 재정립하도록 우리를 인도하는 것이다.

■ 바로 그런 맥락에서 미셸 세르가 모파상의 작품《오를라》를 재해석하여 여기와 저기 또는 가까운 곳과 다가갈 수 없는 곳 사이의 긴장[3]이라고 이야기하지 않았는가?[4]

그렇다. 실지로 나는 세계화가 원근성과 우리 사이의 심리적 관계를 얼마나 심대하게 변화시키는가를 보고 충격을 받았다. 이제까지 우리가 멀다고 느꼈던 많은 것들이 가까워졌고, 상대적으로 가까이 있다고 생각했던 모든 것들이 멀어졌다. 예를 들어 매스컴과 새로운 정보 기술의 덕택으로 수많은 경제적·사회적·문화적 현실들이 우리에게 즉시, 그리고 직접적으로 접근

---

3) 오를라(Horla)란 프랑스어 저기(Hors)와 여기(Là)라는 두 단어를 합성시킨 것이다. 〔역주〕

4) 미셸 세르(Michel Serres), 《아틀라스 *Atlas*》, 플라마리옹 출판사, 파리, 1996, p.67.

가능한 것처럼 보이게 되었다.

그러나 이런 접근 가능성이라는 것이 사실은 아주 애매모호하다. 왜냐하면 이 접근 가능성은 때때로 우리로 하여금 타자들을 더 잘 알 수 있는 기회를 박탈하고, 우리가 지니는 타자에 대한 지식을 타자와의 피상적인 의사소통 정도로 축소시켜 버리기 때문이다. 그래서 세계와 개인 사이의 조정 절차는 원활히 이루어지지 않는 것 같은데, 이는 바로 이 조정 절차가 아직 개인과 세계 간의 이 새로운 관계를 생각하고 관리할 준비가 되어 있지 않기 때문이다.

■ 우리는 모두 '무(無)국경주의'의 희생자가 아닌가? 나는 "사라예보가 여기서 비행기로 두 시간 거리에 있다"라는 유행어가 생각난다. 이는 마치 구유고슬라비아 전쟁 때 두 시간의 비행거리가 국경을 지워 주고 전쟁을 억제해 줄 수나 있는 것처럼 한 말이었고, 마치 시간의 축소, 또 공간의 축소가 역사적 논리의 불평등한 전개를 억제해 줄 수 있는 것처럼 한 말이다.

사실이다. 실제로 세계화는 우리를 바로크적 의식을 가진 존재로 만든다. 내가 말하는 바로크적 의식이란 산업 기술적 측면에서는 포스트모더니즘을, 국가적 체제의 측면에서는 모더니즘을, 그리고 자기 정체성의 측면에서는 전근대성을 동시에 지니고 있는 의식이다. 그래서 우리는 타자들과 연대함과 동시에 우리 자신에 대해서만 몰두하고 있는 것이다. 우리는 보편주의자

임과 동시에 비보편주의자인 것이다. 아무튼 유고슬라비아 · 르완다 그리고 알제리의 비극적인 예들은 언론의 힘과 여론의 힘, 이 두 힘이 합쳐지면 보편적 의식에 역행하는 모든 관행들의 전개를 저지시킬 수 있을 것이라는 우리의 대강의 추론이 얼마나 부질없는 것이었는가를 극명하게 보여 준다. 그리고 우리가 흔히 정보의 첨단 기술들이 거리라는 장벽을 제거해 준다고 말할 때, 지리적 의미의 거리 제거가 바로 정치적인 인근성 또는 자동적인 연대성의 형성으로 이어지는 것이 결코 아님을 알아야 한다. 그것은 이제 차라리 물리적 거리가 사회들간의 상호 이해도 또는 상호 비이해도를 재는 기준의 하나가 더 이상 될 수 없음을 뜻한다는 것을 알아야 한다.

알제리의 예를 들어 보자. 왜 프랑스는 알제리식 사회주의가 지닌 진퇴양난의 곤경에 대해서 믿을 수 없을 만큼 눈먼 듯, 귀먹은 듯한 태도를 보였고 또 왜 그렇게 오늘의 알제리에 대해서는 철저히 침묵하고 있는가? 내 생각에 그 대답은 비교적 간단하다. 알제리는 프랑스인의 집단 무의식 속에서 아주 중요한 자리를 차지하고 있다. 그 무의식은 알제리를 식민 지배한 과거를 돌아보게 하고, 식민 시대에 알제리에서 저지른 사회 구조 파괴가 오늘날 알제리의 현실에 미치는 영향을 끊임없이 상기시키는 아주 복잡한 무의식이다. 바로 거기에서 그 어떤 첨단 기술도 변화시킬 수 없는 집단적 회피의 태도가 나오는 것이다. 달리 말해 지리적 인근성이 자기 자신에 대한 새로운 문제 제기로 치닫게 될 경우 지리적 인근성 또는 이와 밀접하게 관련된 역사적 인근성은 거리를 제거하기보다는 오히려 그 거리성을 강화시키

는 것이다. 바로 이 대목에서는 정신분석이 첨단 기술보다 더 유
효한 설명력을 지닌다. 구소비에트연방의 예를 하나 더 들겠다.
우리는 구소비에트연방의 전체주의적 실태를 알기 위해서 1976
년까지 솔제니친을 기다렸다. 그러나 사실은 우리가 그 실상을
몰라서 솔제니친을 기다린 것이 아니다. 왜냐하면 솔제니친보
다 이미 40년 전에 다비드 루세[5]가 구소비에트연방의 모든 실
상을 말해 주었기 때문이다. 우리가 솔제니친을 기다린 이유는
바로 그 실상을 우리가 알고 싶지 않았기 때문이다.

　덧붙여 말하면 알제리의 경우는 이것 말고도 당신이 '무국경
주의'라고 부르는 것에 대한 세속적 환상을 깨부수는 또 다른
측면이 개입된다. 즉 그것은 20세기말에도 국가는 여전히 자신
의 영토 내에서 정보의 접근을 완벽하게 통제할 수 있다는 것이
다. 그리고 이런 무제한의 국가 권력은 진정 큰 차이를 만들어
낼 수 있다. 훨씬 덜 비극적인 방식으로 말을 하더라도 문화적
인근성이나 문화적 상호 침투성이 정치적 인근성에 의해 주어
지는 명령에 부합되기에는 많은 어려움이 있다고 말을 해야만
한다. 세계 음악이 이룩한 그 어떤 위업도 우리로 하여금 프랑스
에서의 독어 교육 퇴보나 독일에서의 프랑스어 교육 퇴보를 잊
게 만들지 않는다. 프랑스·독일의 지난 30년간 밀접한 정치적
관계에도 불구하고 프랑스 사회와 독일 사회가 진정 서로를 더
잘 알게 되었는지는 확실하지 않다. 지리적 거리의 철폐는 그것

---

　5) David Rousset, 소비에트 강제수용소에 대해 계속된 고발 기사를 쓴
것으로 유명한 프랑스의 저항 작가이자 기자. [역주]

이 낳는 용이성 때문에 역설적으로 우리로 하여금 타자를 잘 알려는 노력을 더 이상 하지 않게끔 한다. 오늘 우리가 이탈리아 문학에 대해서 무엇을 알고 있는가?

■ 《세계 시간》이란 저서에서 당신은 세계화에 대한 분석의 출현 및 등극이, 예를 들어 마르크시즘과 같은 중요한 역사 담화들의 붕괴와 그 때를 같이함을 강조했다. 물론 그것은 사실이다. 그렇지만 중요한 역사 담화들의 붕괴는 역사적 투사(projet), 즉 유토피아가 이제 존재할 필요가 없어졌음을 뜻하지는 않는다고 생각된다. 공산주의가 붕괴했다고 우리가 역사를 포기해야만 하는 것은 아니지 않는가? 이 점에 대해 당신은 어떻게 생각하는가?

세계화가 과연 한 국가의 역사적 투사란 개념을 없애 버릴 것인가? 바로 이것은 결정적이지만 정말로 답하기 어려운 질문이다. 내가 보기에 분명한 것은, 세계화가 세계의 공간적·상징적 축소와 맺고 있는 유기적 연관 관계를 얘기하지 않고서는 세계화를 철학적 그리고 정치적으로 사유할 수 없다는 것이다. 세계화와 세계가 지금 겪고 있는 목적성의 상실, 이 둘 사이의 유기적인 연관성이 나로서는 핵심적인 것으로 여겨진다. 왜냐하면 이 둘간의 연관성은 우리로 하여금 외재적 요소 없이 우리 자신을 사유하도록 이끌고 강제하기 때문이다. 우선 공간적 측면에서 외재적 요소가 없다. 왜냐하면 세계는 유한하기 때문이다. 상징적 측면에서도 외재적 요소는 없다. 왜냐하면 우리는 더 이상 우리가 집단적으로 미래를 향해서 투사할 유토피아를 갖고 있지 않기 때문이다. 바로 이런 이유로 나는 프란시스 후쿠야마의 역사의 종말에 관한 가설이 지금 받고 있는 빈정거림이나 조소보다는 더 나은 평가를 받아야 한다고 생각한다. 여기에 한 국가가 자신만의 특별한 미래를 생각하기가 어렵다는 점을 덧붙인다면, 사람들은 세계 시간이 아마도 한 국가의 역사적 투사를 침식시킨다고 대답할 수 있을 것이다. 국가들은 점점 더 과거와 미래와의 관계 속에서 자신의 존재를 정당화하는 데 어려움을 겪고 있다. 바로 이것이 우리가 직면해 있고 또 세계화가 극명하게 보여 주고 있는 중요한 사실이다. 그렇다 하더라도 나는 세계화가 국가를 단순히 그리고 온전히 파괴하리라고는 전혀 생각지 않는다. 왜냐하면 국가들이 분명하게 확인할 수 있는 역사적 투사 속에 자신들의 미래를 등재해 놓는 일을 이제 더 이상 하지 않는다 하더라도, 국가들은 아마도 아주 큰 '역사적 태만' 속에서 여전히 존재할 것이기 때문이다.

■ 그러므로 이 '세계 시간'이 지향성 있는 역사 안에는 속하지 않으면서도 시간성 안에는 속한다면 도대체 이 '세계 시간'이란 것이 무엇을 지니고 있는 것인가?

세계 시간은 무엇보다도 '현재의 현상학'이다. 그것의 힘과 방향은 장 투생 드장티[6]가 '신호 표시를 한다'고 부른 그런 능력,

---

6) Jean-Toussaint Desanti, 프랑스의 철학자. 〔역주〕

즉 현상들을 서로 연결지어 주고 서로 조화롭게 만들어 주는 그런 능력에 있다. 세계 시간은 우리에게 우리가 새로운 시대로 들어간다는 것을 신호로 표시해 주기 위해서 바로 거기에 있다. 그것은 세계의 새로운 달력이지 새로운 시간의 화살은 아니다.[7] 그것은 각기 다른 독특한 역사를 지닌 사회들에게 공통의 현재를 제공한다. 그것은 모든 사회로 하여금 그들의 과거의 일부와 단절하도록 권유하지만 그렇다고 그만큼 약속된 미래를 보장하지는 않는 일종의 시간적 휴지(休止)이다. 그것은 현재 속에서 스스로를 생각하도록 각 사회를 부추기고, 또 그렇게 하도록 제한한다. 역사적 순간으로서 세계 시간은 당연히 과거와는 구별되고 또 그것과 단절하려고 한다. 이 과거와의 단절이란 개념, 이것을 우리는 일상 생활 속에서 '세계화에 대한 적응의 담화'라고 불리는 것을 통해 아주 강하게 느낀다. 그러나 세계 시간이 지니는 역사적 특이성은 이런 과거와의 단절이 그 어떤 미래에 대한 생각에 의해서 이루어지는 것이 아니라는 사실이다. 오래된 혁명적 이데올로기들은 과거를 백지로 돌리기를 요구했다. 하지만 그 대신 그 이데올로기들은 우리에게 미래에 대한 비전들을 제시했다. 비록 그 비전들이 때때로 곤경으로 인도한다는 것을 우리가 잘 알고 있지만 말이다. 틀림없이 세계 시간이

---

7) 장 투생 드장티, 《현상학 입문 Introduction à la phénoménologie》, 갈리마르 출판사, 〈폴리오 Folio〉 총서, 파리, 1994, p.24.
참조: 새로운 달력이란 개념에 관해서는 자키 라이디 편, 《세계 시간 Le temps mondial》, 콩플렉스 출판사, 브뤼셀, 1997; 폴 리쾨르(Paul Ricœur), 《시간과 이야기 Temps et récit》, 쇠이유 출판사, 파리, 1985, 제3권, p.69.

부과하는 이런 변화의 요구는 미래에 진행될 변동에 살아남기 위한 필요성에 의해 인도된다. 그러나 일종의 생존으로 보는 미래의 모습과 희망 또는 약속으로 보는 미래의 모습 사이에는 근본적인 차이가 있다.

그러므로 세계 시간은 내가 보기에는 미래와 연결시켜 주지도 못하면서 과거와 단절을 요구하는 전대미문의 시간적 상황을 나타낸다. 피에르 노라[8]는 최근에 이와 유사한 역사적 상황을 찾기 위해서는 아마도 동로마 제국까지 거슬러 올라가야 한다고 지적했다.[9] 이런 상황의 결과는 과거 · 현재 · 미래 전체에 대해 책임질 수밖에 없는 현재의 과부하, 바로 그것이다. 게다가 이런 현재의 과부하는 정치적 권력들이 행동함에 있어서 겪게 되는, 점증하는 어려움에도 그 영향을 미치고 있는 것이다.

■ 그것이 바로 당신이 1997년 브라질 리우(Rio)에서 열린 유네스코 학술대회에서 '현재라는 시간의 과부하' 그리고 응급성의 등극이라고 부른 바이다.

내 생각에 우리 사회의 응급성 등극은 과거에는 미래에 기대했던 바를 현재에다가 요구하게끔 우리를 이끌고 있고, 그래서 실지로 우리의 모든 기대를 담고 있는 이 현재가 지니고 있는 과부하 상태를 반영하고 있다고 생각한다. 내가 보기에 이 응급성

---

8) **Pierre Nora**, 프랑스의 역사가. 〔역주〕
9) 《라 크루아 *La Croix*》, 1997년 6월 24일.

의 논리는 지금 그리고 여기에서 모든 것이 팔리고 있는 시장, 그것이 지니고 있는 논리가 발전된 것이고——여기서 시장이란 바로 모든 것을 단기적인 차원에서만 사유하는 금융 시장을 말한다——아울러 그것은 약속이라는 방식으로 우리가 미래를 향해서 우리 자신을 더 이상 투사할 수 없다는 사실을 나타내고 있는 것이다. 나는 잠정적으로 이 응급성을 목적성의 상실과 미래에 대한 비전의 유지를 서로 분리해 내지 못하는 '절차적 사회'의 잠정적인 실패로 보고 또 그렇게 해석하고 싶다. 존 듀이 이래로 미국의 실용주의 철학은 외재성에 대한 우리의 의존성을 유토피아적인 잠재력을 지닌 새로운 자유로 전환시키도록 우리를 부추긴다. 아무튼 잠정적으로 목적론 밖에서 희망을 생각하는 것은 어렵다는 사실을 직시해야 한다. 응급성은 '비희망'의 윤리이다.

■ 당신 생각으로는 바로 그것이 이런 지평의 부재 앞에서 우리가 느끼는 걱정을 설명해 주는 것인가…….

바로 그것이 금융 시장과 같은 측면에서는 보통 사람들에게 아주 추상적으로 보이다가도 일상 생활이나 직업과 같은 또 다른 측면에서는 엄청나게 구체적이거나 맹목적인 것처럼 보이는 이 세계화의 논리 앞에서 우리로 하여금 박탈감과 취약함을 느끼게 하는 것이다. 그러나 단도직입적으로 말하겠다. 이것이 결코 세계화의 전부는 아니다. 왜냐하면 세계화가 우리의 존재 의의를 다시금 문제삼는 한, 세계화는 우리로 하여금 우리를 재발

국가들은 점점 더 과거와
미래와의 관계 속에서
자신의 존재를 정당화하는
데에 어려움을 겪고 있다.

견하게 하고 재사유하도록 구속하기 때문이다. 우리의 약한 부분들을 적나라하게 드러냄으로써 세계화는 우리로 하여금 우리 자신을 재정의하도록 부추긴다. 세계화는 “함께 사는 것이 시장을 초월해서 과연 무슨 의미를 지녀야 하는가?”라는 근본적인 질문에 이제 답을 해야 하는 모든 사회들에게 일종의 사실 검증의 시험처럼 경종을 울린다.

■ 그러나 이미 너무 늦은 것은 아닌가? 언론에서 전 세계의 통합, 첨단 기술에 의한 통신, 통합된 세계 시장을 말하지 않고서는 단 한 주도, 아니 단 하루도 그냥 지나가는 법이 없다. 바로 이것은 세계화가 우선은 그리고 무엇보다도 먼저 시장과 함께, 또 반론의 여지가 거의 없는 단일한 사고의 보호 아래서 구축되고 있다는 증거가 아닌가?

그렇지 않다. 우리는 그런 정도의 차원을 넘어서는 세계화 쪽으로 역사의 내기를 걸어야 한다. 요컨대 나는 세계화를 거의 같은 시점에 일어나고 있으며 또 동시에 사회들간의 경제적 · 사회적 · 문화적 상호 침투를 심화시키고 있는 다음의 다섯 가지 중요한 변화의 합이라고 정의할까 한다. 사람들이 공통적으로 세계화라고 부르는 것에는 사실 1980년대부터 형성되어 오고 있는 다음의 다섯 가지 세계화가 포함되어 있다:

— 시장의 세계화. 이것은 우리로 하여금 경제들간의 경쟁으로부터 사회들간의 경쟁으로 옮겨 가도록 만든다.

— 통신의 세계화. 이것은 정보의 혁명을 통해 사회들간의 통

신에 관한 전대미문의 여건을 만들고 있다.

— 문화의 세계화. 이것은 시민 사회들의 범람을 통해 세계적 차원의 게임에 참여하는 행위 주체들의 수를 엄청나게 증가시키고 있다.

— 이데올로기의 세계화. 이것은 자유주의의 급진화와 급진화된 자유주의의 여러 주장들로 특징지어진다.

— 정치의 세계화. 이것은 세계에 대한 서방 국가들의 해묵은 특권적 지위의 종말을 의미한다.

그런데 괄목할 만한 것은 아주 짧은 시간에 이 다섯 가지의 중요한 세계화가 진행되고 있다는 사실이고, 또 이 다섯 가지의 세계화가 서로 맞물리고 서로 호응하는 능력을 지니고 있다는 것이다. 인터넷을 통해서 변신한 가장 최근의 모습을 보여 주고 있는 정보 혁명은 얼마 전부터 '전자 자본주의'라고 명명된 금융 자본주의의 놀랄 만한 발전을 가능하게 했고, 아울러 국가를 초월한 사회적 행위 주체들간의 통신망의 구축을 기적처럼 가능케 했다. 한편 공산주의의 붕괴는 그 나름대로 '한 단일 국가 안에서 사회주의를 구축한다'는 것이 불가능함을 보여 주었고, 또 국가에 대항해서 시민 사회들이 갖는 결정적인 역할과 영향력을 합법화했으며, '시장민주주의'의 탄생을 크게 도왔다. 그런데 이 '시장민주주의'라는 이데올로기는 민주주의와 시장 간의 순식간에 이루어지는 유기적 조화, 민주주의와 시장 간의 유추적인 동일시, 그리고 영국의 대처 여사는 TINA(There is no alternative), 프랑스 사람들은 '유일한 생각(Pensée unique)'이라고 부르는 대안의 부재, 이 세 가지에 그 기초를 두고 있는 이데올로기이다.

사실 세계화란 사회적 변화에 관한 하나의 진정한 이론의 성격을 지니는 것이지, 어떤 사실이나 사건의 상태에 대한 기술 같은 것이 아니다. 이 이데올로기의 가장 핵심적인 포인트는 소위 자동 조절 능력을 지닌 시장을 도모하기 위해서 국가가 지녔던 역할의 많은 부분을 비합법화시키는 데에 있다. 그만큼 세계화는 프랑스 혁명에 대해서 클레망소가 사용한 표현을 빌리자면 '세력권'이나 '진영'이 아니다. 그것은 그것이 지닌 복합적 성격 속에서 여전히 그 의미와 가치가 정의내려지기를 기다리고 있는 하나의 사건이다. 게임은 아직 끝나지 않았다. 그리고 각 사회의 운명은 아직 정해지지 않았다.

■ 세계화는 하나의 '세력권'이나 '진영'이 아니다. 그렇지만 우리가 세계화를 합리화하려고 애쓸 때 또는 시민들에게 세계화는 피할 수 없는 현실이라고 인식시키려고 할 때, 특히 정신적 측면에서 인간 관계를 경쟁 관계로만 축소시킬 위험성이 있는 것이 아닐까? 물론 경제는 꼭 필요하다. 그러나 어떻게 경제가 인간의 모든 활동의 목적이 된다고 말할 수 있을까? 과연 경쟁 관계가 모든 인간 관계의 목적일까?

모든 사회 제도는 그 제도 속에 시장 논리가 많이 침투해 있든 혹은 적게 침투해 있든 간에 결국은 모두가 경쟁적인 제도이다. 그리고 어쨌든 시장은 힘이나 협박을 사용하는 경쟁 형태보다는 더 문명화된 형태의 경쟁 방식을 만들어 내고 있다. 게다가 상업적 경쟁이 심화되는 것은, 예를 들어 소비자로서 개개인의 위상을 강화시켜 준다는 이점이 있다. 시장은 선택과 비교의 새로운 가능성들을 만들어 낸다. 시장은 우리로 하여금 우리에게 제공되는 것들에 대해서 좀더 주의를 기울이도록 만든다. 그렇지만 아무리 그렇다고 해도 당신이 방금 한 질문들, 즉 우리 사회의 목적성에 관한 질문들을 제기하는 것은 여전히 의미가 있다고 생각된다. 우리는 모두 철학적 목적론의 목적을 단념했다. 다시 말해 우리는 미국의 철학자 존 롤스를 따라서, 우리 인생의 방향은 어떤 초월적 원칙에서 나온다기보다는 정의에 대한 현존하는 여러 시각들간의 계속적인 조정으로부터 나온다는 명제를 다소간의 차이는 있지만 모두 사실로 받아들였다. 우리의 목적성은 선에 대한 선험적으로 장기적인 비전에서 나온다기보다는 시민들의 다양한 이익의 중첩에서부터 나올 것이다. 이제 어떤 다른 목적도 부재하기 때문에 시장은 우리 사회의 유일한 목적처럼 나타난다.

도대체 우리 사회가 지향할 방향의 모든 지평을 차지하겠다는 시장의 과도한 요구는 거부하면서 어떻게 시장을 대체할 그 어떤 대안도 없다는 생각은 받아들일 수 있을까? 이것이 바로 우리에게 제기되는 진정한 질문이다. 두번째 문제는 첫번째 문제와 밀접하게 관련이 있는 것인데 민주주의와 시장 간의 차이에 관한 것이다. 베를린 장벽이 무너진 다음날 사람들은 성급하게 시장 없는 민주주의는 없고 민주주의가 없는 시장은 없다고 판단하고 기쁨에 들떠서 '시장민주주의'라는 개념을 만들어 냈다. 시장과 민주주의, 이 두 용어, 이 두 개념은 이제 서로 떼려야 뗄 수 없는 것처럼 보인다. 오늘날의 모든 민주주의는 그것이 오래된 것이건 새로운 것이건 간에 시장에 의해서 침식되고 있다는 것을 우리는 목도하게 된다. 사람들이 점점 더 민주주의와 시장을 동일시한다는 사실은 바로 시장에 의해서 민주주의가 침식되고 있다는 사실을 반영하는 것이다. 예를 들어 시민은 정치소비자라는 말이 점점 더 인구에 회자되고 있다. 정치의 수요와 공급 또는 정치 시장이라고도 하는데, 정치 시장이란 모든 정치적 관념들이 소비자들의 판단을 기다리는 상품들같이 되어 버림을 말한다. 이런 말은 단지 비유적인 표현에 그치는 것이 아니다. 그 말 속에는 소비의 논리와 시민 사회의 논리 간에, 또는 소비자와 시민 사이에 증가하는 대립이 만들어 내는 걱정스런 현실이 존재한다.

■ 세계화는 선택과 자유와 경쟁의 원천인 세계화적인 것과, 폐쇄와 비경쟁과 이미 시대에 뒤떨어진 특수주의를 상징하는 국가적인 것을 서로 대립시키면서 개인의 분열을 더욱더 심화시키고 있는 것은 아닌가?

바로 그렇다. 세계화가 지니고 있는 중대한 정치적 어려움 중 하나는 세계화가 영속적으로 시민으로서의 개인과 소비자로서의 개인을 대립시킨다는 사실에 있다. 실지로 우리는 소비자로서 프랑스제 전자레인지보다 10배나 싼 중국제 전자레인지를 기꺼이 살 것이다. 그러나 임금노동자로서 또는 시민으로서 우리는 프랑스 기업이 외국으로 이주하는 것을 자연스레 반대하는 경향이 있다. 이런 모순을 우리 프랑스 사람들은 늘 피부로 느끼면서 살아가고 있다. 근거리 무역에 가장 집착하고 있는 것처럼 보이는 프랑스 사람들은 유럽에서 대형 유통업체들에 의한 지역 분할이 가장 뚜렷하게 이루어지고 있는 나라에서 지금 살고 있다. 프랑스 사람들은 비록 자신들이 프랑스 사람이라는 사실에 상당한 의미를 부여하고 있지만 그렇다고 소비와 이런 민족 의식을 서로 연관지으려 하지는 않는다. 이런 역학은 강력한 힘을 갖고 있고 모든 공급자들이 잘 보이려고 하는 소비자의 모습과, 무기력하고 방기되어 버린 시민의 모습을 서로 대립시킨다. 세계화가 이런 불균형을 한층 더 심화시킨다는 데에는 거의 의심할 여지가 없다. 왜냐하면 시민들의 요구와 권리들은 점점 더 국제적인 차원의 것이 되고 있고, 동시에 각 사회가 그 사회의 구성원들을 만족시키기 위해서 지니고 있는 재화는 아주 한정되어 있기 때문이다. 세계화가 아무리 많이 이루어졌다 해도 아직은 재분배의 체계와 같은 대표적인 장치들은 여전히 국가적 차원에서 이루어지고 있다.[10] 그러므로 초국가적인 재분배의 체제나 조직을 갖게 되지 않는 한, 세계적 차원으로 구조화된 사회적 수요와 국가적 차원에서 계속적으로 이루어지는 정치적 공급 사이의 이런 격차가 앞으로 더욱더 심화될 위험성이 상당히 높다.[11] 그리고 이런 상황은 문제를 야기시키게 되는데, 왜냐하

---

10) 장 르카(Jean Leca), 〈지역 관할권과 공공 기관. 국영 기업들과 세계화 사이에 놓여 있는 국가 Gouvernance et institutions publiques. L'État entre sociétés nationales et globalisation〉, in 프레스(R. Fraisse) & 드 푸코 (J.-B. de Foucault), 《프랑스의 전망 La France en prosepectives》, 오딜 자콥 출판사, 파리, 1996, p.323.

면 이것은 결국 사람들로 하여금 자신의 국적이 지니는 가치를 낮추게 만들거나 국적을 아주 소극적인 차원에서만 생각하게 만들기 때문이다. 그런데 이런 두 종류의 변화는 내가 보기에 극도로 위험스러운 것이다. 국가적인 차원에서의 민주주의 운용과 세계적인 차원에서의 시민권 행사를 대립시킨다는 것은 현재의 상황에서는 대표민주주의보다 참여민주주의에 더 많은 특권을 주도록 만들어 가고 있다.

■ 당신은 참여민주주의를 어떻게 정의하는가?

참여민주주의는 조직 · 협회 · 모임 또는 데모를 통해서 이루어지는 민주주의이다. 이 참여민주주의는 대표민주주의의 특권인 투표에 의해서 이루어지지 않는다. 이것은 의무의 시민권이라기보다는 권리의 시민권이다.

■ 당신은 두번째 위험에 대해서 이미 말한 건가?

그렇다. 그것은 이런 변화와는 상반되게 아주 소극적인 차원에서 시민권을 생각하도록 이끄는 것이다. 시민권이란 사실 세계화에 저항하는 마지막 방파제가 될 것이다.

---

11) 참조: 기 에르메(Guy Hermet), 《민주주의 *La Démocratie*》, 플라마리옹 출판사, 〈도미노 Dominos〉 총서, 파리, 1997, pp.65-68; 다니엘 졸로(Daniel Zolo), 《민주주의와 복합성 *Democracy and complexity*》, 폴리티 출판사, 1995.

■ 당신은 결국 세계 시민이란 개념을 믿지 않는가?

그렇다. 그것은 물론 찬사를 보낼 만한 관대함을 표현한다고 생각한다. 그러나 나는 이것이 벌써 흔들리고 있는 대표민주주의를 약화시키지나 않을까 염려한다. 프랑스의 예를 들자면, 나는 대표민주주의가 더 확장될 유일한 한계의 틀은 유럽 정도라고 생각한다. 유럽의 나라들이 서로의 운명이 다르지 않음을 인식하고 또 그들이 갖고 있는 문제들이 유사함을 점점 더 인식해 감에 따라, 이런 대표민주주의는 확장될 수 있다고 본다. 물론 그것은 우리로 하여금 아프리카 코끼리를 보호하거나 멸종 위기에 놓인 소수 민족들을 보호하는 일을 못하게 하지는 않을 것이다. 그러나 그 이상 진전되는 것은 가능하지도 않고 바람직하지도 않다고 본다. 게다가 시민권과 연대감을 서로 혼동해서는 안 되겠다. 나는 꼭 그 사람과 같은 국적을 갖지 않더라도 얼마든지 그와 완벽하게 연대감을 느낄 수 있다. 아무튼 나는 세계화를 옹호하는 입장이지만, 그렇다고 인류라는 어떤 추상적인 정체성을 들고 나와서 모든 뿌리며 조건이며 특별성을 다 지워 버리려는 세계주의자의 천년왕국에는 전혀 동의하지 않는다. 게다가 이런 종류의 생각은 보편주의라기보다는 세계화주의라고 말할 수 있겠다.

■ 당신은 지금 세계화와 보편주의 사이에는 차이가 있음을 말했다. 이것은 내가 생각하기에 아주 중요한 주제이고, 당신이 발제자 중 한 사람으로 참여했던 유네스코 제2차 철학

학회에서 말했던 주제이다. 또 좀더 최근에는 세계화와 보편주의 사이에는 어떤 차이가 있는가라는 문제를 다룬, 프랑스 경영전문대학교(Institut du management)가 주최한 한 학회에서 당신이 말한 주제이다.

예를 들어 우리가 코카콜라를 세계적 음료, 전 지구적 음료 또는 보편적 음료라고 한다면 결국 다 같은 말일 것이다. 그렇지만 우리가 사물·제품·기술의 차원에서 가치의 차원으로 옮겨 간다면 '보편적'과 '세계적,' 이 두 말의 차이는 아주 커진다. 세계화가 하나의 물건·기술·생각이 공간적 차원에서 퍼져 나가는 것을 의미한다면 보편화는 **방향이나 의미를 함께 공유하는 것**을 의미한다.

■ 그런 차이는 잘 이해할 수 있다. 그러나 당신은 그 이상의 차이를 생각하는 것 같은데……. 또한 《디오젠》에 세계화는 보편화에 역행한다고 했다. 이 점에 대해서 좀더 구체적으로 말해 줄 수 있나?

포르투갈 작가 미구엘 토르가가 쓴 아주 아름다운 글의 제목을 말하면서 이야기를 시작하겠다. 이 글은 《보편성, 그것은 벽 없는 방이다》라는 아주 유려한 제목을 지니고 있으며,[12] 브라질

---

12) 미구엘 토르가, 《보편성, 그것은 벽 없는 방이다 *L'universel, c'est le local moins les murs*》, 윌리엄 블레이크 & Co., 보르도, 1986, p.25.

어디로부터 벗어나느냐
하는 것이 이제 더 이상
문제가 아니고 어디에
뿌리박느냐 하는 것이
바로 문제가 되었다.
이제 더 이상 무엇을
정복하는 것이 문제가
아니고 스스로를 인정받는
것이 문제가 되었다.

에 있는 포르투갈 사람을 향해서 쓴 글이다. 토르가가 내리는 보편성에 대한 정의는——그 정의는 스토아학파의 정의와는 아주 먼 것인데——근본적으로 인간의 보편적 조건을 그 인간이 한 장소에, 한 지역에, 한 특별한 역사 안에 뿌리박혀 있다는 사실에 종속시킨다. 다른 사람과 방향을 공유한다는 것은 이미 자기 자신의 고유한 방향을 인식하고 있음을 전제한다. 바로 이런 특수성에 뿌리박음은 계몽주의 안에 이미 나타나 있었다. 계몽주의는 한나 아렌트 그리고 좀더 최근에는 르네 르그로[13]가 잘 보여 준 것처럼, 하나의 특수한 조건·문화·근본으로부터 뿌리뽑힌다는 개념에 기초하는 사상이다. 그런데 내 생각에는 세계화가 전개됨에 따라 자기 정체성의 문제는 상당히 역방향으로 흐르는 것 같다. 개인은 국가들과 마찬가지로 정의적·역사적·문화적인 기준들이 상실되는 과정을 접하면서, 초월하려 들거나 벗어나려고 하기보다는 어딘가에 뿌리내리려 하고 있다. 토르가의 표현을 다시 빌려서 말하자면 보편적인 것이 벽 없는 방, 열려진 특수성이라고 한다면, 세계화적인 것은 바로 벽이 있는 전체 공간, 폐쇄적인 전체성이 된다. 《문명과 이에 대한 불만들》이란 글에서 프로이트는 로맹 롤랑과 그가 '대양의 감정'이라 부른 것에 대해 언급했다. 내 생각에는 세계화가 우리에게 가져다주는 불안의 일부는 바로 이 '대양의 감정'에서 연유한다. '대양의 감정'이란 우리가 참고해야 할 것들의 증가, 그리고 우리

---

13) 르네 르그로(René Legros), 《인류라는 관념 *L'idée d'humanité*》, 그라세 출판사, 파리, 1990, p.181.

에게 닥친 엄청나게 많은 문제들 앞에서 우리가 갖게 되는 상실감, 이 두 가지로부터 나오는 감정이다. 우리 각자에게 있어 세계 안에 우리의 존재 의미는 그 방향이 바뀌고 있다. 즉 그것은 이제 더 이상 어디로부터의 벗어남이 아니라 어딘가에 뿌리박기가 되었고, 이제 더 이상 정복하는 것이 아니라 스스로를 인정받는 것이 되었다. 세계화는 인간으로 하여금 소극적인 위치를 점유하게 한다. 바로 이것이, 인간이 이제 타자에 대해서 이전보다 덜 염려하는 이유이다. 인간이 타자에 대한 염려를 점점 덜하게 되는 이유는 바로 인간이 속해 있는 세계가 목적성을 상실했기 때문이다. 그래서 인간은 자기 스스로가 목적성을 찾고, 자신의 행복을 정의할 책임을 갖게 되었다. 그리고 바로 그렇기 때문에 인간은 자신의 차별성을 스스로 주장하는 거의 자연적인 자산을 갖게 되었다.

그러나 각 개인에게 각자의 행복을 정의하는 일을 일임한다면, 그것은 상대주의의 발호를 불러일으키는 것이 아닌가? 그런데 당신은 《디오젠》에 기고한 논문에서 미국의 철학자 리처드 로티[14]의 주장에 대해 답을 하면서 이런 상대주의를 매우 개탄한 것으로 나는 느낌을 받았는데?

나는 바로 그런 상대주의가 지금 진행되고 있다고 생각한다.

---

14) 자키 라이디, 〈우리는 영원히 보편성을 필요로 할 것이다 Nous aurons toujours besoin d'universel〉《디오젠 *Diogène*》, 1996년 1–3월호, pp.16–25.

세계화는 다양성·복수성·복합성과 같은 것으로 동일시되기 때문에 인종적·문화적·정치적 상대주의를 더욱더 강하게 부추기고 있다. 게다가 이런 상대주의는 자유 선택의 원칙을 통해서 시장의 이데올로기가 더욱더 강화시키고 있다. 실제로 우리들 각자는 증가하는, 즉 무한정 공급되는 가치들 중에서 자신의 맘에 드는 가치들을 선택할 자유를 가지게 되었다. 가치들은 지금 소비재가 되고 있다. 하나의 가치로서의 보편주의는 시장에서 당연히 사라지지 않는다. 그렇지만 그것은 그저 여러 가치들 중 하나의 가치일 뿐이다. 왜냐하면 이제 '모든 것은 그 나름의 가치를 지니기' 때문이다. 서구 사회는 보편주의의 개념을 희화화하고 양질의 상대주의적 자성을 설파하는 일련의 '해체주의'적 사조들, 즉 미국의 실용주의, 신아리스토텔레스주의, 독일의 후기 비트겐슈타인학파 등을 경험한다. 예를 들어 리처드 로티는, 보편주의는 일종의 '부자들의 도덕'이고 서구 사회는 이제 더 이상 희망 없는 세계의 대의명분들을 구하러 뛰어들 여력을 갖고 있지 않다고 말한다.[15] 이보다는 더 문화주의적이고 더 공격적인 성향을 지닌 사무엘 헌팅턴은 서구 사회의 지배 체제를 대신할 유일한 대안이 마치 전 문명들 사이의 총체적인 갈등인 것처럼 그렇게 문명의 갈등에 대해서 말한다. 물론 그는 자신의 논거가 반인종편견주의적 미덕을 지니고 있다고 주장한다. 그는 이렇게 말하고 있다. 도대체 무슨 근거로 우리는 원하지 않는

---

15) 리처드 로티, 〈정신적 보편주의와 경제적 분류 Universalisme moral et tri économique〉, 《디오젠》, 1996년 1–3월호, p.315.

사람들에게 우리가 추구하는 가치를 받아들이라고 강요할 수 있
겠는가? 일견 이런 주장은 그럴싸해 보인다. 그러나 그것은 기
만적이다. 왜냐하면 이미 아주 오래전부터 보편주의는 서구의
전유물이 더 이상 아니었기 때문이다.[16]

　■ 아시아 국가들은 하나로 연대하여 1948년에 제정된 세
계인권선언을 다시 써야 한다고 주장한다. 그 이유로 그 당시
의 선언은 오직 서양인들에 의해서만 만들어진 것이기 때문이
라고 말한다. 이런 일을 보노라면 로티의 생각이 맞는 것이고
당신의 생각은 틀린 것이 아닌가 하는 생각이 드는데…….

　사실 내가 방금 전에 말한 서구의 반보편주의 논리는 오늘날
그것이 바로 이슬람교 국가나 아시아 국가들에서 아주 강력하게
일고 있는 비서구적 상대주의의 반향이라는 사실에 큰 힘을 얻
고 있다. 예를 들어 점차적으로 그 힘이 강해지고 있는 아시아
대륙은 자신들의 정치적 열등성을 점점 더 받아들이기 곤란한
것으로 여기고 있다. 그리고 이런 서구에 대한 도전이 경제적인
열등성을 심리적으로 보상받고자 하는 의도를 갖고서 적극적으

---

16) 실제로 반인종편견주의는 좀더 격앙된 인종편견주의에 지나지 않는
다. 이는 상대주의를 고발한 독일의 철학자 칼 오토 아펠(Karl Otto Apel)
이 잘 밝힌 바 있다. 참조: 칼 오토 아펠, 《토론과 책임 Discussion et Res-
ponsabilité》, 뒤 세르프 출판사, 파리, 1996; 〈보편적 윤리가 가능한가?
Une éthique universaliste est-elle possible?〉, in 클리반스키(R. Klibansky)
& 피어스(D. Pears), 《유럽의 철학 La Philosophie en Europe》, 갈리마르
출판사, 〈폴리오〉 총서, 파리, 1993, pp.487-504.

로 정치적인 공세를 취하는 그런 소외자들로부터 나온 것이 이제 더 이상 아니기 때문에, 더욱더 의미 있고 중요한 정치적 현상인 것이다. 오히려 그런 도전은 이미 성공을 거두었고, 서구 세계에서 서구와 한판 겨루어 보겠다고 하는 그런 국가들에서 나온 것이다. 그렇지만 나는 아시아적 상대주의가 지니는 문화적 가치를 굳이 인정하려 들지 않는다. 아시아적 가치들은 그들 나라에서 개인주의가 성행하는 것을 염려하고 사회적·문화적 세계화가 그들의 사회적·정치적 배열을 흐트러 놓지나 않을까 두려워하는 보수주의적 정권들에 의해서 종종 도구화되고 있다. 게다가 아시아의 중요한 민주주의 국가들인 일본과 인도 같은 나라가 이런 움직임에 동조하지 않고 있다는 사실은 의미심장하다. 이 두 나라는 서구적 민주주의와 비서구적 민주주의 사이의 대립은 아무런 의미가 없다는 것을 잘 알고 있다. 인도와 일본의 민주주의는 그들의 특별한 상황에 뿌리내린 그런 민주주의인 동시에 서구적 민주주의에 비견될 수 있는 그런 민주주의인 것이다.

　■ 그렇다면 세계인권선언 50주년을 바로 눈앞에 둔 이 시점에서 아시아 국가들이 그 선언을 다시 쓸 것을 요구할 때 그들이 옳다고 말해야 할까? 즉 그들의 요구를 들어 주어야 할까?

　그것에 대한 내 답은 반긍정, 반부정이라고 하겠다. 나는 인권이란 변천하는 개념이고 권리와 상황의 다양성은 1948년 인권선언을 계속적으로 발전·보충시킬 것을 요구한다는 사실을 잘 인식하고 있다. 게다가 전 인류의 4분의 3이 1948년 인권선언의 기초에 참여하지 않았다는 논거를 반박하는 것은 정치적으로도 미숙한 행동일 것이다. 상대주의자 진영에 포함시키기 곤란한 몇몇 법학자들은 1948년의 인권선언에서 소박한 수준의 보편주의가 담겨진 표현을 발견한다.[17] 아무튼 나는 아시아·중동의 비민주주의 국가들이 대부분 참여하고 있는 세계인권선언 개정의 움직임에 대해서 깊은 불신의 생각을 떨쳐 버릴 수가 없다. 근본적으로 이 운동이 남북의 양극화[18]를 피하면서 좀더 바람직한 성격을 띠기 위해서는 아시아와 라틴아메리카의 민주주의 국가들이 이 운동에 참여해야 할 것이다. 이런 양극화는 전 인류에 치명적인 것이고, 특히 중국·미얀마·쿠바에서 인권 옹호를 위해 싸우는 사람들에게는 더더욱 치명적인 것이 될 터이다.

■ 당신은 변함없이 보편주의를 고수하고 있다. 그렇지만 어쨌든 보편주의도 변화되어야 할 필요성이 있다고 생각지는 않는가?

보편주의는 최상의 가치로 늘 존재한다. 그리고 그것은 윤리적 차원에서는 야만주의로 다시 돌아가지 않게 미리 우리를 예방시켜 줄 수 있는 유일한 가치이다. 그렇지만 이와 동시에 추

---

17) 미레이 델마 마르티(Mireille Delmas-Marty), 《인간의 공통적 권리를 향하여 *Vers un droit commun de l'humanité*》, 텍스튀엘 출판사, 파리, 1996, p.61.
18) 잘사는 나라들과 못사는 나라들의 양극화. 〔역주〕

상적·원칙론적, 그리고 만고불변한 보편주의는 오늘날 더 이상 유효하지 않다는 것도 인정해야 한다. 내 생각에는 추상적인 보편주의와 총체적인 상대주의, 이 둘 사이에 여러 가지 중간적인 태도나 입장이 존재할 수 있다고 여겨진다. 우리가 잘 알아야 되고 또 잘 깨달아야 될 것은 추상적인 보편주의가 지금 위기에 처해 있다는 점이다. 왜냐하면 추상적인 보편주의는 오늘날 우리 시대를 특징짓는 중요한 사실인 다원주의를 더 이상 감당해내지 못하기 때문이다. 이 다원주의는 당연히 서방 국가들과는 다른 궤적을 달리고자 원하고 있고, 또 세계화 속에서 바로 그럴 수 있는 기회를 찾고 있는 비서방 국가들로부터 나온 것이다. 그러나 이 다원주의의 요구가 단지 국제 관계상의 문제로만 그치는 것은 아니다. 우리 사회 내부에서도 지나치게 일반적이고 추상적인 원리들이 다양해진 상황들과 충돌을 일으키고 있는 것을 우리는 잘 보게 된다. 남녀 평등의 문제는 이런 상황을 완벽하게 예시해 준다. 남녀간의 평등을 추상적으로만'외친 나머지 우리는 결국 여자를 차별하기에 이르게 된다. 이주노동자에 대한 심리적 도움에 관한 토비 나탕의 행위가 불러일으킨 논쟁은 바로 이런 종류의 문제에 속한다. 그들의 역사적·문화적 과거를 고려하지 않고 이주노동자들에게 심리 치료를 할 수가 있을까? 좀더 최근에는 경제적 능력에 따라 차별적으로 지급되는 사회보장금의 예를 통해서 우리는 모든 사람에게 혜택이 돌아가는 전국민 사회보장 제도의 원칙이 실지로 가난한 사람을 희생시키면서 부자를 더욱 부유하게 만들었다는 사실을 알 수 있었다. 물론 다원주의에서 상대주의 또는 문화주의로 슬쩍 흘러갈 위험도 아주 높다. 그러나 다시 한번 강조하지만 왜 우리가 흑백 논리적 선택 안에 영원히 갇혀 있어야만 할까? 우리는 우리 사회의 증가하는 다원주의를 어느 정도 받아들이면서도 보편주의적 입장을 취할 수 있다. 내 생각에 오늘 우리가 당면한 문제는 보편주의적 입장의 정의라기보다는 보편주의적 실천, 보편주의자로 행동하는 법을 찾는 것이다.

"사이버 공간의 발전이 문명과 인본주의적 가치를 위협한다는 생각은 다분히 보편주의와 전체주의, 이 둘을 혼동한 데에서 기인한 것이다. 우리는 보편적인 것처럼 우리에게 다가오는 것에 대해서 의심을 하게 되었다. 왜냐하면 거의 늘 보편주의는 제국의 정복자나 지배를 하고자 하는 사람──그 지배가 시간적이든 정신적이든 간에──에 의해서 사용되어 왔기 때문이다." 이것은 피에르 레비가 《모스》에 기고한 논문에서 한 말이다. 나는 그가 말한 사이버 공간이 만들어 낸다는 전체성 없는 어떤 보편성에 대해 수긍이 가질 않는다. 나는 기술 혁명에 대한 당신의 시각을 알고 싶다. 당신 생각에는 기술 혁명이 사회적 유대를 위협하는가?

그렇지는 않다. 그리고 그 이유는 간단하다. 우리는 첨단 기술이 위기에 처해 있는 사회성을 구해 준 역사를 한번도 경험해 본 적이 없기 때문이다. 인터넷은 사전에 재검토될 때에만 사회적 유대를 강화시킬 수 있을 것이다. 그렇지 않으면 그것은 시민간의 문화적·사회적 불평등만을 더욱더 심화시키고 사회적 원자화의 경향을 더 격화시킬 것이다. 사람들은 자연스럽게 이웃집 사람보다는 호주에 있는 어떤 사람과 더 쉽게 대화를 나누게 될 것이다. 바로 그렇게 함으로써 사람들은 선택적 사회 관계의 논리 속으로 들어가게 되는 것이다. 그렇지만 나는 사회적 관계의 본질은 바로 사회적 관계를 맺는 사람들을 임의로 선택할 수 없다는 점에 있다고 생각된다.[19]

이런 관점에서 볼 때 미국의 초보수주의자들이 신기술에 열광하고, 신기술을 온갖 덕목으로 치장한다는 사실은 결코 정치적으로 중립적인 것이 아니다. 그들이 보기에 이 신기술들은 사회적 비매개화의 수단이자 그들에게 있어서 가장 증오할 만한 사회 매개체인 국가에 대항한 투쟁의 수단이 된다.[20] 사실 그들의 논리에 의하자면 남녀노소가 인터넷을 통해서 배우고 의사소통하며 모든 것을 교환할 수 있게 되면, 엄청난 비용이 먹히는 국가라는 체제를 굳이 갖고 있을 필요가 없게 된다. 그들은 이렇게 말한다: CD-Rom 덕택으로 아이들 자신들이 배워야 할 지식의 처방자가 된다면 왜 공립학교 체제를 유지시켜야만 하는가? 그리고 이런 국가 체제에 대한 증오의 배후에는 사회적 유대에 대한 그들의 증오가 어렵지 않게 찾아진다. 그들 생각에 의하면 사회적 유대란 최소한으로 줄여야만 하는 비용 같은 것이다. 이런

---

19) 이 사회적 선별성이란 개념에 관해서는 다음의 논문을 참조할 것: 사빈 샬봉 드메르세(Sabine Chalvon-Demersay), 〈선거로 선출되는 사회 Une société élective〉, 《에스프리 Esprit》, 1997년 8-9월호, pp.92-111.

20) 매튜 댄코나(Matthew d'Ancona), 《우리를 묶는 결속들 The Ties that Bind Us》, Social Market Foundations, 런던, 1996, p.33; 조프 멀간(Geoff Mulgan), 《관련성 Connexity》, 샤트로 & 윈디스 출판사, 런던, 1997.

환경에서 개인의 사회화란 그 무엇보다도 먼저 그리고 거의 유일한 통로로서 가족·가정에 의해서 이루어지고, 그 나머지 것은 시장에 의해서 이루어지는 것이다. '가정+인터넷,' 바로 이것이 이 보수적인 초자유주의자들의 정치적 등식이다. 끝으로 덧붙여 말하면 이런 일탈적 변동이 일어난다 해도 그것은 우리로 하여금 바로 그런 변동을 야기시킨 정보의 신기술을 거부하게끔 만들지는 않을 것이다. 오히려 그 반대로 우리는 그런 변동에 우리 스스로를 사회적으로 적응시켜야 할 것이다.

엄청난 두려움의 근원

■ 당신은 세계화의 두려움이 오늘날 아무리 생생하게 느껴진다 하더라도, 이런 변화는 결코 새로운 것이 아니라 한 세기 이상은 거슬러 올라갈 수 있는 변화임을 자주 말한다.

교역의 세계화는 적어도 유럽의 경우에는 나폴레옹 전쟁[1] 직후부터 조화롭지 못한 방식으로 전개되어 온 하나의 커다란 경향에 속한다고 할 수 있다. 카를 폴라니이는 세계화가 지니고 있는 경제적·사회적·문화적 문맥을 아주 잘 분석했다. 세계화란 바로 자율 조정의 시장 이데올로기에 의해 지탱되고, 자유 경제·금본위·시장의 경쟁을 세계화의 세 축으로 만들고자 하는 '대자본'에 의해 늘 조종되고 있는 것이다.[2] 이전에는 이것을 세계화란 이름으로 부르지 않았다. 그러나 실상은 그것이 바로 세계화인 것이다. 폴라니이의 글을 읽어보면 앙리 부르기냐가 말하는 시장의 독재는 19세기말에 이미 있었음을 알게 된다.[3] 당

___

1) 18세기말부터 19세기초 사이에 치러진 일련의 전쟁. 〔역주〕

2) 카를 폴라니이(Karl Polanyi), 《대변혁 *La Grande Transformation*》, 갈리마르 출판사, 파리, 1994, p.39.

3) 참조: 앙리 부르기냐(Henri Bourguignat), 《시장의 독재 *La Tyrannie des marchés*》, 에코노미카 출판사, 파리, 1995.

시 일차 상품의 국제 가격은 유럽 대륙 농부들 삶의 중심에 위치해 있었다고 말할 만했고, 전 세계의 사업가들은 런던 증시의 동향을 늘 관심의 대상으로 갖고 있었으며, 각 나라 정부들은 자본 시장의 상황에 맞추어서 전략을 세웠다. 주식 시장의 대폭락이 그 당시에 벌써 있었고, 외자에 의해 유인되는 소액 저축자들의 파산 또한 이미 존재했다. 아주 강도 높은 이 경제적 자유화는 보호의 필요성과 더 많은 보호의 요구를 낳게 했다. 바로 이런 요구와 필요성에 의해서 사회 안전망이 점진적으로 구축되었고 보호주의 경향이 대두된 것이다. 그러므로 세계화의 '황금시대'는 1870년에서 1913년 사이라고 말할 수 있다. 왜냐하면 그때는 민족 국가와 그 국가의 지도층이란 존재가 이제 겨우 싹트는 시절이었기 때문이다. 국가의 사회적 책임이란 개념은 이제 막 시작될까 말까 한 때였다. 자본은 그 어떤 규제도 받지 않았고, 금본위는 모든 사람에게 받아들여졌다. 게다가 바로 이것이 오늘과는 근본적으로 차이가 나는 점인데, 인력의 이동이 그 당시는 훨씬 더 용이했다. 즉 자본과 노동이 둘 다 유동성이었다.

■ 그 당시는 이민이 오늘날보다 더 자유로웠다는 말인가?

바로 그렇다. 1870년에서 1914년 사이에는 세 개의 중요한 이민의 흐름이 있었다: 유럽과 북미 간의, 아시아 내부에서는 중국과 인도로부터 동남아시아로 그리고 유럽 안에서는 중앙 유럽이나 이탈리아에서 프랑스·독일·스위스로. 19세기말 전 세

계 이민자의 수는 약 1억 명으로 추산된다.[4]

이런 이민이 스웨덴·아일랜드·이탈리아같이 이민을 많이 떠난 몇몇 나라에서는 경제 개발에 크나큰 기여를 했다. 이런 세계화의 과정이 갑작스럽게 중단을 맞게 되는 것은 제1차 세계대전 때문이고, 이런 중단 상태는 1945년까지 지속된다. 그러므로 오늘날 우리가 목도하고 있는 바는 양차 세계대전에 의해서 일시적으로 중단된, 역사적으로 긴 역사를 갖는 한 경향의 가속화인 것이다. 바로 그런 이유로 우리가 언급한 1990년대의 모든 변화가 1913년도와 비교를 하자면 그리 급작스러운 것이 아닌 반면에 1945년과 비교하면 아주 급작스러운 것으로 느껴지게 된다. 국제 무역 지수를 한 예로 들겠다. 전 세계 생산량에서 국제 무역량이 차지하는 비율은 오늘날 약 20퍼센트 내외이다. 그런데 1950년에는 이 비율이 7.1퍼센트였고, 1913년에는 12퍼센트 정도였다.

▣ 당신은 좀 전에 '세계 시간'이 우리의 역사를 구성하는 다양한 차원의 시간성에 일종의 전체 줄거리를 짜주는 역할, 현상학적 역할을 한다고 말했다. 나는 당신이 어떤 생각이나 근거로 역사에 대한 상대적 낙관론을 펼치는지를 알고 싶다. 그 어느것보다도 분명하게 드러나고 있는 시장의 세계화부터 말해 달라.

---

4) 참조: 제프리 윌리엄슨(Jeffrey Williamson), 《세계화, 수렴성 그리고 역사 *Globalization, Convergence and History*》, NBER, *Working Papers*, 5259, p.5부터.

우선은 1980년대 중반부터 잘사는 나라들간의 무역이 증가되는 현상이 일어났다. 무역량이 생산량보다 2배 더 빨리 증가했다. 다시 말해 교역의 역동성이 이제 생산의 그것보다 더 강해졌다는 말이 된다. 또 같은 시기부터 외국에 대한 투자가 폭발적으로 증가하게 되었다. 1980년대 전반기에는 외국에 대한 투자액이 연평균 4백30억 달러 정도였던 것이 1980년대 후반기에 가서는 갑자기 1천6백70억 달러로 증가한다. 즉 4배의 증가이다.[5]

이 변화들은 아주 중요하다. 그렇지만 숫자에만 너무 현혹되어서는 안 된다. 장기적인 시각에서 보면 무역과 투자의 증가율이 사실 그리 급격하게 높아진 것이 아니다. 프랑스의 국민 총생산량에서 수출이 차지하는 비율은 오늘날 약 20퍼센트이다. 그러나 1913년도에 이미 그 비율은 14퍼센트 정도였다. 미국의 경우 1990년에 이 비율이 13.5퍼센트였는데, 1913년에 이미 8.7퍼센트였다.[6] 1980년대 중반부터 괄목하게 증가한 투자의 경우에도 장기적으로 보면 그 변화는 상당히 안정적이다. 전 세계 총생산량에 대비한 주식의 비율은 오늘날 10퍼센트 정도인데 1913년에 이미 그 비율이 9퍼센트였다. 최근의 무역 세계화

---

5) 《연례보고서 *Rapport annuel*》, 국제결재은행(Banque des règlements internationaux), 1990, p.68.

6) 폴 허스트(Paul Hurst) & 그레이엄 톰프슨(Graham Thompson), 《문제의 세계화: 국제 경제와 지역 관할권의 가능성 *Globalization in Question: the International Economy and the Possibilities of Governance*》, 폴리티 출판사, 1996, p.22. 다음의 문헌도 참조할 것; 폴 허스트, 〈세계 경제. 신화와 실상 The global economy. Myths and reality〉, 《국제 문제 *International Affairs*》, 1997년 7월호, pp.409-414.

는 괄목할 만하며 전대미문의 현상이라는 주장은 이런 아주 기초적인 사실 앞에서도 지탱될 수 없다.

■ 당신이 말한 바대로 장기적으로 보면 단절이 그렇게 급작스러운 것도 아닌데 왜 우리는 변화를 그렇게 강하게 느끼는 것인가?

거기에 대해서는 세 가지 설명을 할 수 있다. 첫째는 기술적인 측면의 것이다. 그것은 다음과 같은 사실과 관련을 맺고 있다. 그 사실은 바로 국민 총생산량 및 상업적 교환의 대상이 되는 총 재화량 중에서 국제 무역의 대상이 되는 물질적·비물질적 생산량의 비율을 따져 보면 국제 무역의 대상이 되는 물질적·비물질적 생산량이 실질적으로 증가했다는 것이다. 가장 분명한 예인 미국의 경우를 보도록 하겠다. 1913년부터 1990년 사이 미국의 국민 총생산량에서 수출이 차지하는 비율은 거의 비슷하다. 그 수치는 7퍼센트를 넘지 않는다. 그렇지만 우리가 교환의 대상이 되는 재화 내에서의 수출이 차지하는 비율을 따져 본다면 변화는 놀라운 것이 된다. 같은 기간 사이에 그 비율은 13퍼센트에서 31.4퍼센트로 증가한 것이다. 이것은 바로 상업적인 그 모든 것은 이제 전 세계적인 차원에서 상업적이란 사실을 뜻한다.[7] 이 사실은 비단 미국의 한 예에 지나지 않는 것이 아니라 전 세계적으로 유효하다. 그러므로 바로 이 사실은 세계 무역에 우리가 언뜻 느끼는 것보다는 더 중요한 자리를 부여하게 해준다. 그러니 19세기 이후로 결정적으로 변한 것은 하나도 없다고 계속 떠들어댈 수는 없다. 이것이 바로 첫번째 변화이다.

두번째 변화는 경제적 교환이 더욱더 많은 기업에 의해서 생산될 수 있는 재화의 경쟁에 점점 더 기반을 두고 이루어진다는 점이다. 이에 반해 19세기에는 대개가 일차 상품과 공산품의 관계처럼 비경쟁적 상품의 상보적 교환이었다.

마지막으로 언급할 세번째 변화는 아마도 가장 근본적인 것이라고 생각되는 것이다. 전 세계의 경쟁이 점점 더 사회적·문화적 요인까지도 경쟁의 요소로 통합시키고 있다는 사실이다. 나는 감히 새로운 세계화는 사회 체제의 경쟁까지도 포함하고 있다는 점으로 특징지어질 것이라 말하고 싶다. 관세 장벽이 줄어들거나 사라지고 거리에 따르는 비용이 경감됨에 따라——실지로 일본 차를 유럽까지 선박으로 운반하는 비용은 육로로 스페인의 차를 벨기에까지 나르는 비용보다 더 크지 않다——경쟁은 교환을 산출하는 사회적 조건과 관련을 맺는다. 무역을 가로막는 모든 사회적·문화적 요소를 제거하고 국제 경쟁에 더 잘 대처하기 위해서 사회적 비용을 절감하는 데에 총력을 경주하게 된다. 미국은 예를 들어 일본과의 무역 협상에서 도쿄의 너무 높은 집세가 미국의 경쟁력을 떨어뜨린다고 평가를 내렸다. 왜냐하면 바로 이것이 일본에 나와 있는 미국 기업의 비용을 높

---

7) 세계화의 현상을 상대화시키는 이런 차이는 경제학자들에 의해서 충분하게 지적되지 않고 있지만 다음의 문헌에서는 잘 분석되고 있다: 슬러터(M. Slaughter) & 스와젤(P. Swagel), 《세계화가 선진 경제의 임금에 미치는 영향 *The Effects of Globalization on Wages in the Advanced Economies*》, IMF, Research Department, 1997년 4월, p.6.

이는 요인이기 때문이다. 한편 일본은 미국의 소비자가 여러 종류의 신용 카드를 갖는 것이 허용되어서 결국 이것이 소비를 촉진시키고 투자를 저해한다고 평가를 내린다.

세계화는 이처럼 각 국가들에게 서로 관찰하고, 서로 비교하며, 서로 경쟁할 수 있는 권리를 열어 준다. 각 국가는 서로 아주 긴밀한 관계 속으로 들어간다. 바로 오늘의 프랑스를 보라. 어떤 문제가 발생할 때마다 사람들은 즉각적으로 다른 나라들은 그 문제를 어떻게 해결하고 있는지를 묻지 않는가? 비록 다른 나라의 해결책을 모방하는 것이 거의 불가능하다는 결론에 결국은 이르게 되지만…….

■ 당신은 결국 각 사회가 지니는 견인력이 결정적인 작용을 하게 된 이 세계 속에서 각 나라와 각 지역은 이웃 국가나 지역보다는 더 유리한 조건을 제시할 수밖에 없게 되었다는 말인가?

바로 그렇다. 모든 지역들이 서로가 서로에 대해 점점 더 경쟁 관계에 들어서기 때문에 차별성은 더욱더 다음과 같은 사회적·문화적·인간적 요인들에서 드러나게 된다: 노동력의 질과 비용, 사회적 관계의 질, 조세 제도, 행정부와의 관계, 고용과 해고에 있어서의 유연성, 사회보장 제도를 위한 지출의 무게, 교육 제도의 가치. 앞으로는 단지 무역의 대상이 되는 제품만이 아니라 다른 모든 것이 국가간 경쟁의 대상이 된다. 예를 들어 유럽에서 행정 제도의 경쟁력을 비교하게 될 때, 그것은 행정 제도가 사유화된다든지 또는 공무원들이 경쟁 관계에 놓인다는 의미는 아니다. 그것은 가장 많은 특권을 갖고 가장 잘 보호받는 분야라 할지라도 늘 국제적 경쟁으로 이어지는 전체적 경쟁의 논리에서 벗어날 수 없다는 것을 뜻한다. 바로 이것이 1997년 7월 조스팽 정부하의 재정부가 마지막 보고서에서 명백하게 강조한 바이다. 달리 말해서 가장 보호받는 분야조차도 다른 사람들과의 영속적인 비교에서 더 이상 완전히 자유로울 수는 없다는 것이다. 또 세계화는 재계에서 상당한 역할을 하는 규범이나 '더 좋은 관행'이, 재계 사람들 사이에서 특별히 유통되고 있다는 사실에 의해 특징지어진다.

그러므로 세계화는 단순히 무역의 증가만이 아닌 것이다. 그것은 경제·사회 체제가 밀도 있는 경쟁 관계 체제로 들어감을 의미한다. 바로 그것이 새로운 사실이고 또 그 사실로부터 세계화의 여러 논쟁거리들이 나오고 있는 것이다. 또 그 사실이 바로 그것에서부터 우리가 성찰을 시작해야 하는 중심 문제이다. 그리고 그 사실이 바로 이제까지 번영과 안정과 특수성, 이 모든 것을 가졌던 사회들에게 세계화가 그렇게도 당혹스럽고, 안정을 파괴하는 것처럼 보이는 이유인 것이다.

그러므로 아주 중요한 문제는 이 모든 사회 체제들이 경쟁 관계 속으로 돌입하면서 과연 모든 사회들이 지니고 있는 비상업적 자본의 가치를 제대로 인정해 주고, 또 바로 그럼으로써 각 사회들이 지니고 있는 사회적·문화적 내용들에 대해서 포괄적인 논의를 할 수 있게 하겠는가를 파악하는 것이다. 아니면 그 반대로 경쟁 체제 속에 모든 사회 체제를 포함시킨다는 것이 모든 사회 체제들을 단순히 '비용'으로만 여기게 하는 것인가를 파악하는 것이다. 첫번째 가설은 우리로 하여금 '시장 경제의 사회' 안에서, 즉 모든 사람들에 의해서 받아들여지는 시장 외의 비상업적 공간을 유지하는 것이 필수 불가결하다고 평가하는 그런 사회 안에서 살아갈 수 있다는 것이다. 두번째 가설은 '시장의 사회,' 즉 1930년대 오스트리아의 경제학자 프리드리히 하예크가 예언한 것과 같이, 모든 사회 관계가 전부 상업적인 사회로 우리를 가게 할 것이라는 점이다. 세계화의 가장 핵심적인 이슈는 바로 여기에 있다.

　■ 이 '모든 사회 체제들의 경쟁 관계 속으로의 돌입'이란 우리 삶의 질을 위협하는 것이 아닌가? 예를 들어 덜 발전된 사회 체제를 갖고 있는 나라들은 어떻게 경쟁할 수 있는가 하는 문제를 나는 생각하게 된다.

　이 문제를 명확히 하기 위해서는 우선 두 가지의 핵심적인 사실을 상기할 필요가 있다. 첫번째 사실은 언뜻 보기와는 달리, 임금이나 노동 비용의 단순 비교는 그 자체로는 큰 의미가 없다는 사실이다. 인도 벵골 지방의 노동자가 유럽의 노동자보다 임금이 20배나 싸다 해서 반드시 그 차이만큼 벵골 지방이 유럽의 일자리를 위협하고 있다고 생각한다면 그것은 말이 안 될 것이다. 그런 생각은 일견 논리적인 것 같지만 엄밀한 추론에서 나온 결론이 아니다. 왜냐하면 모든 것은 벵골 노동자의 생산성에 달려 있기 때문이다. 그의 생산성이 유럽의 노동자보다 20배나

세계화는 오늘날
모든 사회 체제들이
서로 경쟁 관계 속으로
돌입한다는 사실로
특징지어진다.

떨어진다면 그가 갖고 있는 유리한 점은 제로가 된다. 그가 유리하려면 그의 임금이 그가 갖는 생산성보다 상대적으로 낮아야 한다. 그런데 그 점에 관한 거의 모든 연구가 하나같이 다음과 같은 결론을 내린다: 낮은 임금의 노동자는 낮은 생산성을 갖고 있고 높은 임금의 노동자는 높은 생산성을 갖고 있다.[8] 그 어떤 연구에서도 낮은 임금에 높은 기술력을 가진 나라가 잘사는 나라와 경쟁을 할 수 있다는 평가가 내려진 적이 없다. 그렇지만 이런 가설은 완전히 불가능하지는 않은 것이, 예를 들어 동유럽의 경우가 그럴 수 있을 것 같기 때문이다. 동유럽은 아주 생산성이 높은 노동력을 제공하면서도 임금은 서유럽을 당장 육박하지는 못할 수준이다.[9] 내가 생각하기에는 독일이 바로 이런 상황에 처해 있고, 바로 이같은 이유로 해서 세계화는 그 나라의 노조나 일반 대중의 토론에서 아주 중요한 위치를 차지하고 있는 것이다. 그러므로 세계화는 결과적으로 사회적 타협의 무게중심을 국가적 차원에서 세계적 차원으로 옮길 것이라고 말해도 과장된 것이 아닐 것이다.[10]

두번째로 거의 모든 경제학자들의 일치된 생각에 의하면 국제

---

8) 대니 로드릭(Dani Rodrick), 《세계화가 너무 많이 진전된 것인가? *Has Globalization gone too far?*》, Institute of International Economics, 워싱턴, 1997, p.76.

9) 피에르 노엘 지로(Pierre-Noël Giraud), 《세계의 불평등 *L'inégalité du monde*》, 갈리마르 출판사, 〈폴리오〉 총서, 파리, 1996, p.250부터. 필자가 판단하기에 더 설득력을 지니고 있는, 이와 반대되는 관점을 보려면 다음을 참조할 것: 다니엘 코헨(Daniel Cohen), 《세계의 풍요, 국가들의 빈곤 *Richesse du monde, pauvreté des nations*》, 플라마리옹 출판사, 파리, 1997.

10) 다니엘 로드릭, 전갈서, p.65.

무역 그 자체는 비전문 노동자들의 집단 실업이나 비전문 노동
자에게 불리하게 작용하는 임금 차별의 심화로 드러나는 저임
금의 압력에 대해서 부분적으로만 그 책임이 있다는 것이다. 대
부분의 전문가들은 세계 무역이 비전문 노동자들에 대한 수요
격감에 대해 단지 5분의 1 정도의 책임만을 지고 있다고 평가한
다.[11] 이 주제에 관한 프랑스 내에서의 연구도 같은 결론에 이른
다.[12] 이 정도의 책임은 결코 무시할 만한 것은 물론 아니지만
그렇다고 엄청나게 크고 절대적인 것도 아니다. 그리고 이 책임
의 부분은 전 세계 무역이 커버하는 것이지 꼭 저임금의 못사는
나라와의 무역에만 연결되는 것이 아니다. 그러므로 국제 경제
에서 저임금 국가가 차지하는 자리가 점점 더 증가한다는 사실
은 여러 설명의 요인들 중 단지 하나일 뿐이다. 이것 외의 다른
설명 요인으로는 비전문 노동자에 대한 수요를 감소시키는 기술
의 발전, 항상 못가진 자들에게만 더 큰 피해를 주는 고이자율

---

11) 조지 보르자스(Georges Borjas) & 리처드 프리만(Richard Freeman) 편,
《이민과 노동력 *Immigration and the Workforce*》, 시카고대학교 출판부,
시카고, 1992; 리처드 프리만 & 로렌스 카츠(Lawrence Katz) 편, 〈당신의
임금은 베이징에서 결정되는가? Are your wages set in Beijing?〉, *Journal
of Economic Perspectives*, 1995년 여름; 아드리안 우드(Adrian Wood),
〈어떤 방식으로 무역이 비전문 노동자들에게 피해를 주는가 How trade
hurts unskilled workers〉, *Journal of Economic Perspectives*, 1995년 여름.
12) 올리비에 코르테(Olivier Cortes) & 세바스티앙 장(Sébastian Jean), 〈국
제 교역은 노동에 대한 수요를 변화시킨다 Les échanges internationaux
modifient la demande de travail〉, *Économie et statistique*, 1/2, 1997,
pp.45-50; 도미니크 고(Dominique Gaux) & 에릭 모랭(Eric Maurin), 〈비
전문 노동에 대한 수요의 감소 The decline in demand unskilled labor〉,
Miméo, Insee, 1997.

과 같은 거시경제적 충격, 비전문 노동자들의 이익에 반하는 대
단위 차원에서의 정보 기술 유포를 들 수 있다.

나는 세계 무역이 설령 지금보다 고용과 훨씬 더 큰 관련을 맺
고 있다 하더라도, 그 위협은 여전히 우리가 흔히 생각하는 거기
에 있지는 않을 것이라는 점을 덧붙이고 싶다. 당연히 몇 개의
노동 집약적 품목을 예외로 한다면, 프랑스의 전문 노동자의 경
쟁 상대는 벵골의 노동자라기보다는 유럽이나 북아메리카의 노
동자이다. 왜냐하면 프랑스와 무역을 가장 많이 하는 나라가 바
로 유럽 국가나 미국이기 때문이다. 그러므로 경쟁은 동일한 수
준의 임금과 생산력을 지닌 국가와의 경우가 가장 뜨겁다. 그리
고 바로 이런 문맥에서 사회 체제간의 경쟁이 이슈가 된다. 실지
로 당신이 동일한 임금과 비슷한 생산성을 가지고서 당신과 동
일한 제품을 생산하는 나라와 경쟁을 할 때 차이는 임금에 속하
지 않는 다른 노동 비용, 즉 사회 비용 또는 다른 말로 하면 사회
보장 비용에서 나게 된다. 경쟁이 가열됨에 따라 이런 차원의 문
제가 더욱더 두드러지게 드러나게 된다. 그러므로 세계화는 각
사회의 사회 계약의 질과 내용을 시험의 대상으로 만든다.

■ 세계화는 우리 사회 내에서의 노동 그 자체의 지위, 그
것의 역할과 위치를 시험의 대상이 되게 한다. 바로 이것이 당
신이 말하는 사실과 일자리를 없애고 사회적 덤핑을 야기하
는 세계 무역에 대해서 임금노동자들이 품는 점점 더 커지는
감정 사이의 차이를 설명해 주는 것이 아닌가 생각된다. 1997
년 6월 파리에서 있었던 고용 문제에 관한 유럽인들의 데모

를 볼 때, 그것이 단순한 감정의 문제가 아니라는 사실을 굳이 얘기하지 않더라도 말이다!

내가 이에 대해 세 가지 설명을 하겠다. 그 첫번째는 세계화가 점점 더 사회 변화에 관한 규범적 이론으로 승격되고 있다는 사실이다. 우리는 나중에 세계화의 이데올로기화 현상에 대해서 이야기할 기회가 있을 것이다. 그러나 우리 대화의 현 단계에서 나는 이데올로기의 본질이——그것을 아주 약한 의미로 해석한다 하더라도——사회적 사실의 연쇄나 일치를——아주 넓은 의미에서——그 사실들의 원인적인 해석으로 바꾸어 놓는 일을 하는 것이라고 말하겠다. 우리는 사실 모든 것을 혹은 거의 모든 것을 세계화로 해석하고 설명하기에 이르렀다.

두번째 설명은 하나의 분석을 함에 있어서 역동적으로 움직이는 전체의 구조에서 하나의 요소, 즉 세계 경제만을 분리해 내기가 어렵다는 사실과 관련이 있다. 예를 들어 저임금에 대한 압력을 설명하기 위해서 기술의 발전과 교역의 경쟁을 서로 분리하는 것은 어렵다. 왜냐하면 무역이 기술의 발전에도 영향을 미치기 때문이다.

그러므로 나는 성장의 둔화, 이자율의 장기적 상승, 사회적 불평등의 명백한 증가, 경제적인 문제와 사회적인 문제의 분리, 그리고 좀더 근본적으로는 '한 사회의 집단적인 미래로의 투사' 라는 개념의 정치적 비합법화에 의해 특징지어지는, 좀더 큰 문맥 속에서 세계화가 진행된다는 사실로부터 그 근본적인 설명을 찾아야 한다고 믿는다. 이 모든 변수들은 거의 동시에 반향을 일으키고 경제적·사회적 조건들의 경직화를 야기할 뿐 아니라 미래에 대한 전망의 상실감 또한 가져온다. 실업 문제가 상당히 극복됐고 경제 성장률이 상대적으로 높은 미국에서도 소득 증가에 대한 전망이 빈곤층의 경우는 거의 제로이고, 중산층의 경우도 극히 어려운 상태이다. 이런 상황에서 세계화나 자유주의에, 이 모든 것에 대한 책임을 전가하는 것은 보통 사람에게는 실지로 아무런 의미가 없다. 바로 이 점에서 이런 상황의 복잡성을 제대로 파악하기 힘든 일반 시민과 분명 더 잘 알고 있는 전문가들 사이의 중간 자리를 차지해야 하는 본연의 역할을 방기한 정치인들에게 그 책임을 물을 수 있다.

그러므로 일반 시민들의 염려를, 전문가들이 그같은 생각에 대해 반박하고 있다는 것을 구실삼아 일거에 몰아내려고만 하면 안 된다. 이런 괴리가 지니고 있는 의미에 대해 숙고하고 그 괴리를 없애려고 노력해야만 한다.

■ 그렇다면 과연 어떻게 그렇게 할 수가 있을까?

첫번째로 해야 할 일은 세계화와 사회의 전체적 조건들 사이의 유기적 관계에 대해서 좀더 세밀하게 성찰하는 것이다. 불평등의 문제를 따져 보면 우선 서구 사회에서의 불평등이 1980년대에 특히 전문 노동자들과 비전문 노동자들 사이의 불평등의 심화를 통해서 갑자기 격화됐다는 것은 주지의 사실이다. 점점 더 심화되는 불평등은 백년의 역사를 지닌 이 두 부류의 임금노동자들간 격차의 감소 추세를 일거에 무너뜨렸다. 그러므로 이것은 사회적 차원에서 아주 심각한 경향성의 반전이다. 세계화는 이 점에 대해서 아무런 관련이 없다. 왜냐하면 이런 현상은 세계화 이전에 시작된 것이고, 또 특히 이같은 불평등의 경향은 경쟁에 노출되어 있는 분야뿐 아니라 그렇지 않은 분야에도 적용되기 때문이다. 만약 세계화가 이런 상황에 대해 그 책임이 있는 것이라면, 논리적으로 볼 때 경쟁에 노출되지 않는 분야는 비전문 노동자를 고용했어야만 했다. 그러나 사실은 그렇지 않다. 고용의 구조는 경쟁에 노출된 분야에서나 그렇지 않은 분야에서나 모두 동일하게 변화했다. 통계치는 이 점을 분명하게 보여 준다.[13]

물론 세계화는 이런 변화를 결코 멈추게 하지 않았다는 사실 또한 인정해야 한다. 그리고 바로 이 점에서 세계화에 책임을 돌리는 사람들과 책임이 없다고 여기는 사람들 간의 정치적 오해가 있는 것 같다. 우리는 지금 단지 경제적인 논리에만 머무는 것이 아니라 광의에서의 이데올로기적 논리 안에서 논의한다는 점을 잊지 말자. 다시 말해서 사실 그 자체만큼이나 그 사실의 해석과 표현이 중요하다는 것이다.

"경쟁은 일자리를 감소시킨다"고 주장하는 논리를 살펴보자. 이런 논리는 비전문 노동자뿐 아니라 때때로 고용주들에 의해서도 사용될 것이다. 고용주는 이 논거를 해고를 위한 논리로 사용하고 해고만이 구조 조정의 유일한 방법이라고 여기는 비창조

---

13) 《전 세계의 직업, 1996-1997——세계화 시대의 국가 정책 *L'Emploi dans le monde, 1996-1997——Les Politiques nationales à l'heure de la mondialisation*》, BIT, 제네바, 1996, p.72.

적인 전략을 정당화하는 논리로 사용할 것이다. 양측이 동일한 논거를 사용하지만 전혀 다른 목적으로 그것을 사용할 것이고, 결국 이것은 세계화를 중심으로 둘의 논쟁을 양극화시킬 것이다. 각 측은 당연히 그들이 선호하는 것을 고집할 것이다. 즉 고용주는 해고를, 그리고 피고용자들은 단지 자기 방어적인 반응만을 보일 것이다. 바로 **CFDT**[14] 같은 프랑스의 노조는 세계화에 대한 논쟁의 양극화를 저지하면서 이런 함정을 피하려고 애쓰고 있는 것이다.

물론 모든 사람이 그런 식으로 반응하는 것은 아니다. 그러나 사회적인 대화가 결여될 때는 바로 이런 유혹이 나타난다. 아무튼 분명한 것은 비전문 임금노동자의 사회적 지위는 점점 더 약화되고 있다는 것이다. 이같은 현상이 일어나는 이유는 우선 사회가 비전문 임금노동자들을 전문 임금노동자들로부터 사회적으로 고립시키기 때문이다. 그리고 특히 이런 불평등의 경향이 비노조화와 임금 협상의 탈중앙집중화라는 문맥 속에서 이루어지기 때문이다. 예를 들어 기업 차원에서 이루어지는 임금 협상을, 구서독 시절에 그런 것처럼 탈중앙집중화하기 위해서 기업들이 노조에 행사하고 있는 아주 강한 압력을 독일 사람들이 앞으로 어떻게 지혜롭게 대처할 것인가를 보는 일은 매우 흥미로울 것이다. 국제노동사무국(ILO)은 비노조화가 미국이나 영국에서 나타나는 임금의 분산 현상에 대해서 적어도 5분의 1 정도는

---

14) Confédération française démocratique du travail; 프랑스노동민주연맹의 약자. 동일 업종 노조의 성격을 띠지 않고 모든 노동자에게 열려 있는 프랑스의 노조. 〔역주〕

책임이 있다고 평가한다.[15] 미국에서는 여타 임금노동자와 화이트칼라 노동자 간의 임금 격차가 증가하고 있는데, 그 증가분의 50퍼센트 이상이 같은 이유로 설명될 수 있다. 그런데 미국에서도 여전히 '세계적 경쟁'에 관한 지배적 담론과 경쟁에 대한 집착이, 사회적 성격을 지닌 모든 것은 경쟁을 방해한다는 생각을 더 강화시키고 있다는 데에는 의심의 여지가 없다. 그러므로 나는 사회적 불평등은 세계화에 의해서라기보다는 차라리 사회적인 것과 경제적인 것을 대립시키는 경향이 있는 어떤 이데올로기에 의해서 더 심화된다고 말하고 싶다. 그러므로 가장 빈곤한 계층에게 불리하게 작용하는 새로운 사회적 역학 관계의 정의에 개입하는 정치적·이데올로기적 요소들의 중요성에 우리의 시선과 분석을 기울여야만 한다.

■ 당신은 세계화가 일층 더 가속화시키고 있는 이런 불평등의 경향이 앞으로 더욱더 심화될 것이라고 생각하는가? 좀 더 일반적으로 말해서 세계화의 문제점들이 지금 우리 앞에 있는가?

아직 아무것도 시도되지 않은 것이라면 그 대답은 예이다. 그렇지만 나는 역사의 커다란 변천들이 근본적으로 항상 변증법적임을 깊게 믿는 이상, 이에 관해 그리 크게 비관적이지 않다. 그

---

15) 전갈서, p.78; 대니 로드릭, 〈세계화의 논쟁에 있어서 이성과 비이성 Sense and non sense in the globalization debate〉, *Foreign Policy*, 1997년 여름, p.29.

러나 우선 몇 가지 사실들을 점검해 보자.

첫번째는 내가 보기에 움직일 수 없는 사실인데, 그것은 세계적 차원의 경쟁 주역들이 증가해 감에 따라 비전문 임금노동자들 및 그들에 대한 차별의 압력이 증가할 것이라는 점이다. 예를 들어 오늘날 중국 인구의 10퍼센트 미만이 세계 무역에 관련을 맺고 있다. 그러나 이 비율이 앞으로 더 높아질 것이라는 점은 의심의 여지가 없다. 중국에 적용되는 사실은 세계적 경쟁에서 차지하고 있는 자리가 아직 미미한 인도에도 똑같이 적용된다. 그러므로 전문성을 요하지 않는 직업에 대한 압력은 한층 더 격화될 것이다. 나는 이 문제가 어떻게 달리 진행될 여지가 있을지 알 수가 없다. 우리는 외국인들의 기여도 거부할 수 없거니와 저임금 국가들의 경쟁에 대해서도 불평할 수 없다. 만약 그렇게 한다면 그것은 우리와는 다른 사람들에 대해 발전할 권리를 거부하는 것과 마찬가지이다. 이런 상황을 개선하기 위한 방책은 단한 가지밖에 없다: 비전문 노동자들을 전문화시키는 것이다. 바로 이 전문화의 수준 차이가 미국이 왜 프랑스보다 이민자들의 충격을 훨씬 더 잘 흡수하는가를 설명해 주는 것이다. 1980년 카스트로 체제의 쿠바를 탈출한 수천 명의 쿠바인들이 마이애미로 몰려들었을 때, 우리는 이것이 미국의 비전문 임금노동자들에게 엄청난 압력을 행사할 것이라고 예상했다. 그러나 사실은 그렇지 않았다. 이 밀물처럼 몰려온 쿠바인들의 경쟁 상대가 되는 미국인들은 미국의 다른 지역으로 옮아 가거나 더 전문도가 높은 직업으로 옮겼다. 실업 문제에 관한 미국과 프랑스의 처리 능력 차이는 기본적으로 전문화의 차이에 기인한다는 사실을 알

필요가 있다. 이 예는 중요하다. 왜냐하면 이것은 실업 문제에
대한 대처에 있어서 미국과 프랑스의 차이는 아마도 사회보장
제도의 차이에서 기인하기보다는 전문화의 차이에 기인하는 것
임을 보여 주는 것이기 때문이다. 프랑스의 경제 활동 인구 중
단지 25퍼센트만이 대학 졸업자인 반면에 미국의 경우는 이 비
율이 86퍼센트에 이른다는 것을 명심해야만 한다.[16]

가까이 다가올 미래에 일어날 두번째 중요한 변화는 제조업
분야 및 은행 같은 서비스업 분야뿐 아니라 보호의 차원에 있다
가 경쟁에 노출되게 되는 모든 활동 분야(이는 사유화의 경향이
더 심화됨으로 일어날 것이다)에 있어서 구조 조정의 리듬이 한층
더 빨라질 것이라는 점이다. 더 근본적으로는 전자상거래(인터
넷에 의해서 물건을 사고 파는 행위)의 빠른 발전이 틀림없이 중
간 상인들의 역할을 감소시킬 것이다.

모든 유통은 생산자와 소비자 사이의 중간 단계를 줄이는 쪽으
로 진행될 것이다. 그래서 결국 이런 탈중간 단계화는 빌 게이츠
가 말하는 '마찰 없는 자본주의'[17]의 도래를 가지고 올 것이다.

이런 탈중간 단계화는 단지 경제적인 측면에서만 이루어지는
것이 아니라 문화적 측면에서도 이루어질 것이다. 왜냐하면 은
행의 탈중간 단계화가 경제적인 탈중간 단계화를 가져온다면 이

---

16) 아르노 르 프랑(Arnaud Le Franc), 〈프랑스와 미국의 실업율 간의 몇
가지 비교 Quelques éléments de comparaison des taux de chômage fran-
çais et américains〉, *Économie et statistique*, 1/2, 1997, p.62.

17) 빌 게이츠, 《미래의 길 *La Route du futur*》, 라퐁 출판사, 파리,
1995, p.196부터.

경제적인 탈중간 단계화는 사회적인 탈중간 단계화를 가져올 것이기 때문이다. 그런데 지식이나 정보의 접근에 있어서의 불평등이 근본적으로 개선되지 않는다면 이런 '마찰 없는 자본주의'는 지식이나 정보의 접근에 있어서의 불평등을 더욱더 심화시킬 것이 분명하다.

세계화라는 문맥에서 이루어지는 불평등의 심화를 불러일으키는 세번째 요인은 우리 사회에서 차지하고 있는 자본의 위치 변화이다. 실지로 회사의 내부 거래, 즉 모회사와 자회사들 간의 거래가 세계 무역에서 차지하는 역할이 점점 더 증가하고 정보의 유통 기술이 비약적으로 발전함에 따라 자본을 **덤핑하는** 나라들 앞에서 각 나라들이 자본의 독립성을 유지하기는 점점 더 어려워질 것이다.

■ 나는 방금 말한 부분이 잘 이해되지 않는다. 좀더 부연 설명을 해달라.

A라는 나라가 B라는 나라보다 예를 들어서 10배나 더 우세한 기업 자본력을 갖고 있다고 가정해 보자. 자회사를 세계 어느 곳엔가 설립하려는 회사의 입장에서 보면 선택은 아주 간단하다. 그 회사는 자본력이 가장 약한 나라에 자회사를 설립할 것이다. 그러나 이런 선택은 가상적인 것이다. 왜냐하면 자본력이란 하나의 회사가 어느 곳에 자회사를 설립할 때 고려해야 할 많은 요소들 중 하나일 뿐이기 때문이다. 그리고 자본력이 강한 나라가 자본력이 약한 나라보다 자본력 외의 다른 점들에서는 더 유리

한 조건을 가질 수도 있다. 그런데 꼭 양단간의 결정만이 있는 것은 아니다. 왜냐하면 자본력이 강한 나라에 회사를 설립하는 이점과 자본력이 약한 나라에 회사를 두는 장점을 동시에 갖기 위해서, 기업들은 소위 '이전 가격' 이라 불리는 것을 가지고 점점 더 많이 조작할 가능성이 있다. 자본력이 약한 나라에 설립된 회사는 자본력이 강한 나라에 설립된 자회사에 수출을 하고 과다하게 대금을 청구하기만 하면 된다. 그렇게 되면 자본력이 강한 나라에 설립된 자회사는 인위적으로 그 이익이 줄어들게 되고 납세도 적게 하게 된다. 반대로 자본력이 약한 나라에 설립된 모회사는 인위적으로 그 이익이 부풀려지고 역시 미미하게 납세를 한다. 물론 세무 관련 행정 부처들은 이 문제를 잘 알고 있다. 그러나 힘의 역학 관계는 결코 대등하지 않다. 그렇지 않아도 과도한 업무에 시달리는 세무 공무원들이 최고의 역량을 지닌 변호사단을 동원할 수 있는 이런 회사들에 대항해서 무슨 일을 할 수 있겠는가?

■ 속수무책일 것이다. 그러나 이런 일들이 평균적인 샐러리맨들에게는 어떤 변화를 갖고 올까?

가장 심각한 위험은 가장 유동성이 높은 수입들이——그것이 임금이든 임금이 아니든 간에——다양한 세제의 차이, 세제의 천국, 외국인 명의로 된 예금통장을 이용한 세금의 면제, 포착하기가 극단적으로 어려운 그 유명한 파생 상품들 등을 점점 더 교묘하게 이용함에 따라서 세금의 무게가 점점 더 유동성이 거의 없는 사람들, 즉 보통의 임금노동자들 또는 소비자들을 짓누르게 된다는 것이다.[18] 게다가 현재는 10억 달러 정도에 그치고 있지만 향후 3년 뒤에는 2백50억 달러에 이르게 될 인터넷을 **통한** 전자상거래의 발전과 함께 세금의 **덤핑**은 보관용 식품에까지 확장될 가능성이 있다. 벌써 소비자들은 미국과 유럽 사이 세율의 차이에 따른 이익을 얻기 위해서 인터넷을 통해 콤팩트디스크를 구입하고 있다. 그러므로 이런 모든 것 뒤에는 이중의 사회적 위험이 도사리고 있다. 그 하나는 빈곤한 사람일수록 부유한 사람보다는 비례적으로 더 예속적인 삶을 살 위험성이고, 다른 하나는 사회보장을 위한 출연도 마찬가지이지만 세금이 경쟁에 있어서는 부수적이고 무익한 비용처럼 여겨지면서 그 정당성을 잃게 될 위험성이다. 이런 현상은 세금과 관련을 맺는 시민권이나 연대성의 원칙을 부식시키게 될 것이다. 이런 흐름에다 정부의 조정 역할에 대한 좀더 일반적인 비정당화가 더해진다면 우리는 경제와 사회 사이의 더 심각한 간극을 갖게 될 것이다.

■ 당신은 방금 전에 세계화는 사회적 타협의 무게 중심을 국가에서 세계로 옮겨 놓는다고 말했다. 이 점은 내가 보기에 아주 중요한 포인트이고 분명 국가라는 틀을 위협하는 것인데, 이 점에 대해서 좀더 부연 설명을 해주겠는가?

---

18) 참고: 비토 탄지(Vito Tanzi), 《세금 경쟁과 세금 제도의 미래 *Tax Competition and the Future of Tax Systems*》, IMF, *Working Papers*, 1996년 12월.

실제로 나도 그 점은 세계화가 갖는 사회적인 이슈를 이해하는 데에 있어서 중요한 포인트라고 생각한다. 과거를 회상해서 위대한 30년[19]의 시절을 되돌아보면, 이 시기는 서방 세계의 모든 주요 국가들이 사회주의와 자유주의 간의 비교적 단순한 타협을 이룩하던 때임을 우리는 쉽게 알 수 있다. 그 당시에는 한편으로 국가에 의해서 주도되는 케인스식의 국가 경제 발전이 있었고, 또 한편으로 세계 무역에 순응하는 점증적인 자유주의의 확대가 존재했다. 정치적으로 말하자면 이런 조화가 유럽에서는 강력한 공산당을 갖고 있는 나라를 제외하면, 기독자유당과 사회민주당 간의 대타협으로 해석될 수 있다. 세계화와 함께 이런 내재적인 것과 외재적인 것 사이의 상호 차단성은 산산조각나 버렸다. 자연히 국가 경제의 파편만이 남아 있고 그 파편들은 부수적인 것에 지나지 않는다. 특히 마스트리히트(**Maastricht**) 조약 이후 통화 공동체를 이루기 위해서 각 나라들이 스스로 강력한 예산 및 통화에 대한 규제를 하고 있는 유럽의 경우는 특히 더 하다.

그러므로 이런 근본적인 변화는 개별 경제들간 경제 교류의 심화를 넘어서는 것이다. 바로 그런 이유로 나는 상업적인 교류만으로 세계화의 현상을 설명하는 것은 턱없이 부족하다고 주장한다.

이런 경제적인 현실은 분명 사회적 차원에 그 파장을 일으킨다. 그 파장 중 가장 중요한 것은 임금 수준의 결정, 고용의 유

---

19) **Trente Glorieuses**, 경제학자 장 푸라스티의 책 제목에서 유래된 것으로 1945년부터 1973년까지, 즉 제2차 세계대전 후부터 제1차 오일 쇼크까지 프랑스가 지속적으로 경제 성장을 이룩했던 기간을 지칭한다. [역주]

지 또는 노동 시간 등이 점점 더 한 국가 경제 안에 있는 하나의 기업의 상태나 처지에 의해서 결정되기보다는 전 세계적인 문맥에서 결정될 것이라는 점이다. 세 가지 예를 들어 보겠다.

여러 나라에 회사를 갖고 있으며, 미국의 연금 기금과 같은 국제적이며 '적극적인 주주권'을 행사하는 주주들을 갖고 있는 거대한 규모의 다국적 기업 예를 들어 보자. 이 적극적인 주주들은 그 기업에 다음과 같이 말할 것이다: "우리가 당신 회사에 투자한 돈이 다른 데에 투자하는 경우보다 이익이 덜 난다면 우리는 돈을 회수하겠다." 얘기는 이렇게 간단하다. 이런 요구에 부응하기 위해서 그 기업은 심지어 흑자인 경우에도, 그리고 구조 조정이 이미 잘 이루어진 경우에도 다시 구조 조정을 하고, 직원들을 해고하는 경향을 보일 것이다. 바로 이것이 실지로 오늘날 엘렉트로뤽스사[20]가 겪고 있는 현실이다. 게다가 이런 주주들의 증가하는 요구는 금융가들의 과도한 영향력과 관련이 있는 것이 아니라 1982년 이래로 장기적으로 볼 때 금리가 계속 높아지고 있다는 사실과 관련이 있는 것이다.[21]

두번째는 세계적 규모의 한 항공회사의 예이다. 그 회사의 주주들은 앞선 예의 주주들만큼 적극적이지는 않지만 문제점은 동일하다. 이 회사가 살아남기를 원한다면 비용을 다른 경쟁 회사

---

20) Electrolux, 스웨덴의 가전제품을 생산하는 대기업. 〔역주〕

21) 그 기원을 적어도 1945년까지는 거슬러 올라갈 수 있는 제로 또는 아주 낮은 실제 금리의 경향이 끊어진 것은 1982년부터이다. 그러나 이는 결국 기업의 수익 분기점을 더 높여 놓는 결과를 낳는다. 참고: 장 피에르 제라르(Jean-Pierre Gérard), 《연관된 3요소. 채산성, 고용, 이자율 *La Tri-logie. Rentabilité, emplois, taux d'intérêt*》, 에코노미카 출판사, 파리, 1997.

들의 그것과 동일한 수준으로 맞춰야 한다. 즉 이것은 그 회사
가 기반을 두고 있는 국가 경제의 특수한 조건들이 그 회사의 전
략을 결정하는 데 점점 덜 영향력을 미친다는 것을 뜻한다. 바
로 이것이 에어프랑스의 혁신의 요체이다.

세번째는 거의 내수 시장만을 상대로 제품을 생산하는 한 작
은 중소기업의 경우이다. 일견 이 회사는 이런 문제와는 무관해
보인다. 그러나 실제는 그렇지 않다. 왜냐하면 만약 그 회사의 제
품이 경쟁 관계를 맺고 있는 수입 제품에 비해서 너무 비싸다면
살아남기가 힘들 것이기 때문이다. 오늘날 프랑스에서는 일원
화된 최저임금 제도가 현실에 맞지 않다는 여론이 점점 더 비등
하고 있다. 국제적 경쟁에 노출된 정도에 따라 분야별로 최저임
금제를 차등적으로 운용하는 것이 더 나을 것 같다.

■ 지금까지 당신이 한 이야기는 사회적 타협을 이룩하는
데에 있어서 국가라는 변수가 이제 더 이상 작용하지 않는다
는 말인가?

아마도 꼭 그렇지는 않을 것이다. 그런 점에서 독일의 상황은
우리에게 시사하는 바가 크다. 독일에서는 기업들이 노조와 '세
계화 시대의 사회적 타협'이라 불리는 타협을 서로 맺고 있는
경향을 보인다. 기업이 노동자를 해고하지 않거나 또는 회사를
다른 곳으로 이전하지 않음으로 일자리의 수를 현 수준으로 유
지해 주는 대가로, 노조는 임금 동결과 노동의 유연성을 받아들
이는 것이다. 현재와 같은 구도에서 회사의 이전이나 기계화에

의한 인력의 감축을 막기 위해서는 각 나라가 지니는 대화와 타협의 질이 관건이다.

나는 이런 사회적 타협의 무게 중심 이동이 반드시 부정적인 면만을 지닌 것은 아니라는 사실을 덧붙이고 싶다. 왜냐하면 대화와 타협에 관한 강한 전통을 지닌 사회의 경우에는 세계화가 일종의 단절이라기보다는 하나의 도전처럼 제기될 것이다. 달리 말해서 세계화는 그 자체로 사회적 대화를 파괴하지는 않는다고 생각한다. 단 그 사회적 대화가 상당히 높은 수준의 것인 경우에는 말이다.

■ 아무튼 사회적 대화의 질이 상당한 수준의 것이어야만 한다는 말인데…….

그 점에는 이론의 여지가 없다. 그러나 사회적 대화의 수준이 그리 높지 않은 사회의 경우는 세계화가 그 사회의 관계를 현대화시키는 계기가 될 수 있다. 왜냐하면 세계화가 임금노동자를 더 취약하게 하거나 아니면 적어도 경쟁에 노출시킨다면, 그것은 '기득권'과 '특권' 사이의 혼동, 보호와 완벽한 보수주의 사이의 혼동을 문제시하는 계기가 될 수 있기 때문이다. 운용의 묘를 살릴 여지가 크지는 않다. 그렇지만 그럴 여지는 분명 존재한다.

■ 당신은 그 유명한 프랑스병을 암시적으로 말하는 것인가?

« 세계화는 사회적
타협의 무게 중심을
옮겨 놓는다. »

그렇다. 국가는 오늘날 여전히 사회적 관계를 정립시키는 중요한 역할을 한다. 이런 정부의 중심적 역할이 반드시 나쁜 점만을 지니는 것은 아니다. 그러나 '사회적 대화를 대신하는' 정부의 역할은 결코 영원히 유지될 수는 없다. 왜냐하면 그것은 결국 문제를 야기하고 부조리를 낳게 되기 때문이다. 공공 부문에 풀타임으로 고용된 4백만의 근로자가 민간 부문의 근로자보다 평균적으로 더 높은 임금을 받는 것은 사회적으로 용납될 수 없다.[22] 가장 잘 보호받는 사람들이 가장 많이 경쟁에 노출된 사람보다 더 높은 급료를 받는 것은 받아들이기 힘들다. 이런 모순된 현실을 바라보면서 나는 힘의 관계가 비정상적으로 민간 부문의 노동자에게 불리하게 작용하고, 또 그것은 아마도 정부의 권한이 사기업에는 미치지 않기 때문이라고 결론을 맺는다. 그러므로 세계화는 사회 관계의 현대화를 이끌어 내는 데 일조할 수 있으라는 기대를 할 수 있다.

■ 당신이 타협의 무게 중심 이동에 관해서 한 말을 들으니 다음과 같은 질문을 제기하고 싶다. 세계화는 진정한 의미의 사회적 기반을 갖고 있는가?

간략하게 대답을 해야 한다면 나의 대답은 그렇지 않다는 것이다. 왜냐하면 중산층은 지금 정부의 후퇴, 불평등의 심화, 그

---

22) 토마스 피케티(Thomas Piketty), 《불평등의 경제 *L'Économie des inégalités*》, 라 데쿠베르트 출판사, 파리, 1997, p.21.

리고 수입의 증대를 기대하기 어렵게 만드는 낮은 경제 성장률로 고통을 겪고 있다. 그러나 나는 즉각적으로 다음과 같은 말을 덧붙이게 된다. 사회의 주요 계층들을 단번에 결집시켰던 역사적·경제적 또는 사회적 운동을 이제껏 본 적이 있는가? 내가 보기에 그런 운동은 없었던 것 같다.

19세기의 산업 혁명을 예로 들어 보자. 그 시대에는 경제적·사회적·문화적 변화 속에서 적자생존의 투쟁과 가장 약한 사람들의 소외를 야기하는 삶을 위한 투쟁을 볼 수 있었다. 오늘날처럼 불안정이 인간이란 존재를 지배하였다. 에릭 홉스바움이 자신의 책《자본의 시대》[23]에서 잘 보여 준 것처럼 도시를 향해서 농촌을 떠난 남자와 여자들은 그들의 삶의 양식을 뿌리째 뽑혔다. 19세기말에 이르러 사회가 페르디낭 퇴니스가 말한 것같이 공동체 사회인 **게마인샤프트**(Gemeinschaft)와 개인 사회인 **게젤샤프트**(Geselschaft)로 구분되게 된 것은 결코 우연이 아니다.

그런데 이런 큰 변화로 인해 과연 무슨 일이 일어났을까? 맨 처음에는 이런 사회적 변화에 대한 근거 있는 두려움에서 나오는 반대의 움직임이 있었다. 사회 구조를 해체시키고 불평등을 낳는 산업화, 바로 마르크스가 자본주의의 본질적인 부분이라 여겼던 이런 산업화에 대한 거부의 움직임이 있었다. 그리고 사람들은 점차적으로 거부의 논리로부터 노조 운동의 영향으로, 투쟁의 논리, 사회주의적 이념의 논리, 계몽적 자유주의의 논리로

---

23) 에릭 홉스바움(Eric Hobsbawm), 《자본의 시대 *L'Ère du capital*》, 아세트 출판사(〈플뤼리엘〉 총서. 재판), 파리, 1997, pp.306-307.

옮겨 갔다.[24] 그럼으로써 더 이상 산업 사회를 무너뜨리려고 하기보다는 그 사회를 구성하고 있는 사람들의 사회적 조건을 개선시키는 쪽으로 힘썼다.

■ 당신은 노동 운동이 결국 자본주의를 살렸다고 말하는 것인가?

그렇게까지 말을 해야 하는지는 잘 모르겠다. 그렇지만 그렇게 말한다 하더라도 거기에는 분명 상당 부분의 진실이 담겨 있다. 과거 CGT[25]의 지도자 레옹 주오가 한 바로 그 말을 오늘날의 CGT 지도자들이 세계화에 대해서 다시 말할 날이 반드시 올 것이다. 레옹 주오가 한 말은 이것이다: "우리는 이제 긍정적인 행동 쪽으로 방향을 잡아야 한다. 단지 거리에서 소요만을 일으킬 수 있어서는 안 되고, 생산적인 방향으로 나가야 한다."[26] 이렇게 사람들은 산업화에 대한 재적응의 단계로 나아갔다. 바로 이런 재적응은 마르크스의 주장을 틀린 것으로 만들고, 번슈타인과 쿠즈네츠의 주장이 옳았음을 보여 주는 것이다. 마르크스

---

24) 폴 베로크(Paul Bairoch), 《승리와 좌절. 19세기부터 오늘날까지 세계의 사회·경제 역사 *Victoires et déboires. Histoire économique et sociale du monde du XVI* *siècle à nos jours*》, 갈리마르 출판사, 〈폴리오〉 총서, 파리, 1997, 제2권, p.470부터.

25) Confédération Générale des Travailleurs, 프랑스 노동자총연맹. 〔역주〕

26) 리샤르 퀴셀(Richard Kuisel), 《프랑스의 자본주의와 국가. 20세기의 현대화와 국가 주도의 계획 경제 *Le Capitalisme et l'État en France. Modernisation et dirigisme au XX* *siècle*》, 갈리마르 출판사, 파리, 1984, p.120.

는 불평등이 가혹스러울 만큼 더욱더 진전될 것으로 보았고, 반면에 후자의 두 사람은 19세기말 부가 사회 속에서 점점 더 넓은 계층에 퍼질 것이라고 내다보았다. 쿠즈네츠는 도시화와 산업화의 결과로 일단 과도한 불평등의 단계를 맞이하겠지만 그 단계를 지나면 이런 불평등이 줄어드는 단계가 올 것이라고 보면서, 그런 역사적 상황 전개를 이론화했다. 그리고 모든 통계 수치는 그의 이론이 옳았음을 잘 보여 준다.

■ 그러나 그의 이론이 오늘날에는 더 이상 유효하지 않은 것 아닌가?

물론 그렇다. 그렇지만 그것은 바로 세계화의 사회적 기반에 관한 당신의 질문에 대한 나의 대답들 중 하나이다. 오늘날에는 세계화에 반해서 작용하고 있는 세 가지 요소들이 있다: 첫째로는 세계화가 연성(軟性)의 성장, 즉 수입의 증대를 전혀 보장해 주지 않는 성장과 때를 같이하여 일어나고 있다는 사실이다. 둘째로는 '위대한 30년'의 커다란 수혜자인 중산층들에게 고통을 주는 사회적 불평등이 심화되고 있다는 사실이다. 그리고 끝으로는 사회보장과 직업의 보장이 잠재적으로 문제시되고 있다는 사실이다. 그러므로 세계화는 불안감을 심어 준다. 왜냐하면 세계화는 경제와 사회 사이에 강한 단절이 존재한다는 생각을 우리에게 심어 주기 때문이다. 프랑스 사람 셋 중의 둘은 세계화가 그들의 사회적 기득권을 위협한다고 생각한다.[27] 이런 느낌은 프랑스 사람들에게만 드는 것이 아니라 독일 사람들도, 그리고 미국 사람들도 동일하게 느끼고 있다. 미국은 비록 상대적으로 높은 경제 성장률과 낮은 실업률을 누리고 있지만, 특히 의회와 노조에 관계된 사람들을 중심으로 해서 많은 사람들이 세계화에 대한 두려움을 느끼고 있다. 멕시코와의 자유 무역 협정이 분명 미국에게 정치적·경제적인 실익을 가져다 주고 있음에도 불구하고 이 자유 무역 협정에 대한 미국 내의 점증하는 비우호적 여론, 그리고 이민자들에 대해서 노골적으로 드러내는 적의감 등은 세계화에 대한 미국 사회의 저항감을 극단적으로 잘 드러내는 징표들이다.

■ 그만큼 당신은 세계화가 너무 멀리까지 진전되었다고 평가하지는 않는가?

나는 '너무 멀리까지' 라는 말이 무엇을 뜻하는지 잘 모르겠다. 그 말이 어떤 변화에 대한 거부나 기존의 틀(pré carré) 안으로의 안주를 의미한다면, 나의 대답은 분명히 그렇다이다. 그렇지만 반대로 '너무 멀리까지' 라는 말이 정치적 차원에서의 개입의 부족을 의미한다면, 나의 대답은 그렇지 않다이다.

나는 세계화가 그것의 이슈가 되는 것들을 명확하게 밝히기를 요구하고 있고, 세계화의 흐름 속에 정치적·사회적·문화적인 것들이 함께 동참할 것을 요구하고 있으며, 그 전망을 정치권이 책임지도록 요구하고 있다고 강하게 확신한다. 그러므로 분명

---

27) 1997년 7월 2일자 《레제코 *Les Échos*》지.

이 세계화의 움직임 속에 중산층이 통합되게끔 그렇게 해나가야만 한다. 이것은 사회적 당위일 뿐 아니라 정치적 당위이기도 하다. 왜냐하면 중산층 없이는 민주주의가 존재하지 않기 때문이다. 그러므로 민주주의와 세계화는 서로 연결된 어떤 부분을 공유하고 있다.

■ 그러니까 당신은 세계화가 진행되고 있는 오늘날의 양상이 19세기 산업화 시대의 전개 양상과 동일하다고 판단하는 것인가?

완전히 동일하다고는 말하지 않겠다. 단지 사람들이 결국은 그들이 겪는 변화에 적응을 하고 만다는 말만 하겠다. 다시 한번 말하는데, 세계화는 장애물이 아니다. 즉 집단적이고 전체적인 그리고 체계적인 거부는 분명 그리 많지 않을 것이다.

파리 외곽 지역에 사는 한 젊은이의 예를 들어 보자. 그가 세계화를 직업의 불안정성이나 비전문 노동자들의 실업 사태와 동일시한다면 그는 분명 세계화를 기뻐 맞이할 이유가 없다. 그러나 랩 가수로서 또는 힙합 문화의 신봉자로서는 그가 지금 완전한 문화적 세계화 속에 있을 것이다. 여론 조사는——그것이 종종 너무 지나치게 축소적인 성격을 지닌다 하더라도——사람들이 세계화에 대해서 비록 적의감을 갖더라도 이런 전 지구적 변화가 사회적 관계에 꼭 필요한 현대화를 가져다 준다는 사실을 부정하지는 않고 있다는 것을 보여 준다. 그러므로 문제를 너무 단순화함으로써 얻을 것은 없다.

■ 이제 나는 세계화에 대한 또 다른 두려움의 원천, 즉 문화적 획일주의나 삶의 양식의 단일화라는 주제에 접근하고 싶다. 이 문제를 심각하게 보는가? 만약 그렇다면 다양성의 소멸에 대한 이런 두려움이 전에 없던 새로운 것인가?

획일성에 대한 두려움은 심각하게 받아들여야만 하는 것이다. 그것은 인간이 지니는 가장 오래된 두려움 중 하나이다. 르네 지라르는 이 주제를 가지고 멋진 글을 썼다. 그는 시간의 밤 이래로 '차별성이 위험에 빠졌을 때마다' 그리고 '상사성(相似性)의 스펙트럼'이 나타날 때마다——르네 지라르는 상사성의 스펙트럼을 '사회학적 쌍둥이'라고 부른다——그리고 정당화될 수 없는 폭력에 대립되는 정당한 폭력을 정의하기 위한 종교적인 초월도, 인본주의적인 초월도 존재하지 않을 때마다 폭력이 어떻게 위협하는지를 잘 보여 준다.[28] 오늘 우리는 가장 야만적이고 가장 폭력적인 갈등은 관계가 먼 사람들 사이에서보다는 관계가 가까운 사람들 사이에서 벌어진다는 것을 알고 있다. 그러므로 항상 전대미문의 폭력을 유발하고 낳는 것은 근본적인 이질성이라기보다는 유사성인 것이다. 프로이트가 '작은 차이들의 나르시시즘'이란 말을 사용할 때는 바로 이런 사실을 잘 파악하고 있었던 것이다. 그런데 초월성의 상실처럼 획일성에 대한 두려움도 우리 시대를 특징짓는 외연적인 표시이다. 국경 없는 세계와

---

28) 르네 지라르(René Girard), 《폭력과 성스러움 *La Violence et le Sacré*》, 아셰트 출판사, 〈플뤼리엘〉 총서, 파리, 1972, p.41.

지표 없는 세계 간의 뒤엉킴이 바로 세계 시간의 상상계 그 중심에 자리잡고 있다. 그 두려움이, 즉 획일화에 대한 두려움이 지나치게 과대평가되어 있는 것이 사실이지만 어쨌든 문제는 있는 것이고, 문제가 있는 이상 그것을 방관하지 말고 떠안아야 하겠다.

■ 당신은 여전히 세계화가 획일성을 낳는가라는 내 질문에 답하지 않았다.

이제 하려고 한다. 내 대답은 이렇다. 세계화는 일종의 바로크 양식처럼 획일성과 차별성을 동시에 창출한다. 바로 그런 이유로 이 세계화 현상을 제대로 이해하려면 그것을 분해할 필요가 있다.

우선은 내가 '현대성의 세계화'라고 부르고자 하는 것이 있다.

■ '현대성의 세계화'란 무엇을 뜻하는가?

오늘날 전 세계의 모든 대도시에 가보면 점점 더 그 모습이 서로 흡사해져 가는 쇼핑센터들, 유사한 현대식 건축물들, 세계 어디에나 있는 생필품들, 유사한 생활 도구들, 미니스커트나 어깨에 메는 색 같은 아주 비슷한 패션, 동일한 음악들을 발견할 수 있다. 심지어 최근에는 전 세계인이 함께 쓸 수 있는 자전거의 디자인이 공모되었다. 세계 어디를 가도 이제 완전한 이국 정취를 느끼기는 힘들어졌다. 이런 현대화의 획일화를 가장 잘 보여주는 예는 국제공항의 **면세점들**이다. 예를 들어 브라질의 리우

데자네이루 공항 면세점에서 우리는 핀란드 초콜릿, 프랑스 카망베르 치즈, 이탈리아의 스파게티 등을 볼 수 있지만 브라질 상품은 하나도 찾을 수 없다. 이 공항의 예가 결코 우연적이거나 주변적인 예가 될 수 없는 것이 매년 전 세계 공항은 25억 명의 승객을 수용하고 있고, 이는 전 세계 인구의 절반 가량에 해당되는 것이기 때문이다![29] 이런 '빈곤한 세계화'가 최근 문화적 측면에서는 소위 **블록버스터**라 불리는 할리우드의 대작 영화 생산으로 나타나기도 하는데, 이런 '빈곤한 세계화'는 오직 소비에만 기초를 두고 이루어지는 것이다.

그런데 더 많은 사람들의 욕구를 만족시키기 위해서는 구매자들의 호기심을 자극하여 그들로 하여금 구매하도록 이끌어야 하고, 그러기 위해서는 구매자들을 놀라게 해야 한다. 바로 그것이 최소 공통점의 끊임없는 탐구이다. 바로 이런 경향이 나로서는 상당히 걱정스럽게 느껴진다. 왜냐하면 이런 마케팅의 세계화는 생산의 점증하는 경제적 집중을 수반하기 때문이다. 예를 들어 음악 분야의 경우, 5대 메이저 회사가 전 세계 시장의 3분의 2를 지배하고 있다! 바로 이런 상황 속에서 무미건조한 맛을 내는 '국제화된 음식'이나 건축 양식의 단조로움, 어디서 본 듯한 또는 어디선가 들은 듯한 느낌이 점점 더 증가하는 현상, 최근에 바이올린 연주자 파트리스 퐁타나로사가 거부한 재미없는 '국제적 음색' 등이 나오는 것이다. 유럽 사람들은 이런 식으로

---

29) 1997년 3월 22일자 《인터내셔널 헤럴드 트리뷴 *International Herald Tribune*》지.

획일화가 이루어진다는 느낌을 특히 더 강하게 느낀다. 유럽은 오래되고도 아주 다양한 문화적·예술적 전통들을 지니고 있는데, 오늘날 유럽은 유럽의 제품에서보다는 주로 미국의 제품을 통해서 획일화가 이루어지고 있는 것을 목도한다. 실지로 유럽 대부분의 나라에서 가장 열심히 영화나 텔레비전을 보는 사람들은 거의가 미국 영화나 미국 텔레비전 영화에 심취해 있다.[30] 게다가 수익을 많이 올리기 위해서 자연히 전 세계 텔레비전 소비자의 기호에 맞추려 하고, 그럼으로써 예술 창작의 몇몇 형태는 사라져 버리게 되었다. 이런 수많은 예들 중에서 하나를 들자면 프랑스 극장에서 늘 볼 수 있었던 '포스터의 예술'이 사라져 버린 것이다.

■ 그러나 예술이 반드시 이 '빈곤한 세계화'가 적용이 될 만한 대상이라고 말할 수는 없지 않는가?

세계화가 여러 주제들 중 하나로 다루어졌던, 최근 카셀에서 열린 도큐멘타[31]가 보여 주는 것과 같이 '세계적 차원에서의 의사소통,' 즉 '전 세계 대중'에 영합해야 한다는 필요성의 덫에 걸려 있는 예술 창작이 얼마나 무미건조한가를 우리는 지금 잘 보고 있다. 아무튼 세계의 다양성을 반영하는 것으로 흔히 여겨지는 현대 미술관의 상황도 마찬가지이다. 그곳에서 우리는 그

---

30) 1995년 4월 12일자 《르 몽드 *Le Monde*》지.
31) *Documenta*, 독일 카셀(Kassel)에서 열리는 현대 예술 전람회. 〔역주〕

저 창작품들이 보여 주는 획일성에 놀랄 뿐이다. 그런데 이런 획일성은 추상 예술이 장소의 진실을 표현하는 데에 있어서 갖는 점증하는 어려움이나, 과거 추상 예술의 대가들이 분명히 이루어 놓았던 계보 속에 속함에 있어서 겪는 어려움에 기인한다고 할 수 있다. 성상 예술을 낳은 러시아 신학에서 예술적 영감을 받은 말레비치의 예가 생각난다. 또 네덜란드의 접신론(接神論)에 대한 지식 없이는 이해할 수 없는 몬드리안의 작품들이 예로 떠오른다.[32] 지역성·지리성에 전혀 뿌리내리지 않으면서도 독창적인 예술 창작이 가능할까? 탈지리적인 장소에서 진리의 탐구가 가능할 수 있을까? 특히 이 탈지리성이 끊임없이 더 큰 시장을 정복하려는 필요성에서 기인한 것이라면 더더욱 진리의 탐구가 불가능한 것이 아닐까? 장 클레어는 최근에 다음과 같이 이야기했다: "내가 추상 예술이나 '최소 회화'[33] 또는 '개념 회화'[34]에 대해서 비난하고 싶은 것은, 그것들이 우리에게 역사도 없고 투쟁도 없고 소속도 없고 경계도 없는 그런 사회에서 산다는 환상을 준다는 것이다."[35]

■ 이 '빈곤한 세계화'가 사회적 행태에 변화를 가져올까? 아니면 표층적인 현상, 즉 세계의 표층 한 껍데기만 칠해 놓은 것에 불과할까?

---

32) 1995년 7월 21일자 《라 크루아》지.
33) peinture minimale; 현대 회화의 한 조류. 〔역주〕
34) peinture conceptuelle; 현대 회화의 한 조류. 〔역주〕
35) 《*Cahiers de médiologie*》, 1997년 제1분기, p.129.

잘 알다시피 표층적인 것은 때때로 아주 구조적인 것이다. 중국의 예가 보여 주는 것처럼 소비의 폭발적인 증가는 개인주의를 강화시키고, 또 그럼으로써 소비가 정치의 상상계 속으로 침투하는 데 기여한다. 바로 이렇게 정치적 상상계는 또 하나의 소비 장소, 승전가를 울리는 시장의 또 하나의 새로운 전선이 되는 것이다. 하지만 그렇다 하더라도 나는 소비의 획일화가 사회적 또는 국가적 행태의 획일화를 가져올 것이라고 믿는 것은 온당치 못하다고 생각한다. 이런 주장은 획일화보다는 차라리 문화적 이종 교배를 더 염려하는 사람들로부터 나온 아주 과장된 주장이다.

■ 당신이 그런 주장을 배격하는 근거는 무엇인가?

간단히 말해서 근거가 되는 사실이 존재하기 때문이다. 최근 프랑스 젊은이들의 식생활에 대한 조사가 있었다. 이 조사는 '식탁의 행사'를 중시하는 프랑스라는 나라에서 식탁의 행사와 그 시간을 방해하는 텔레비전의 영향 때문에, 그리고 식습관을 변화시키는 '맥도널드 햄버거화'의 영향 때문에 이 '식탁의 행사'가 해체되고 있는가를 살펴보고자 했다. 즉 프랑스의 젊은이들이 미국화되고 있는가를 알아보고자 했던 것이다. 그 결과는 명백했다. 결코 그렇지 않다는 결과를 얻은 것이다. 프랑스에서 가족 생활의 상징처럼 여겨지는 저녁 식사 시간은 여전히 그 가치가 중시되고 있다는 결과를 얻은 것이다. 게다가 프랑스 젊은이들이 먹는 음식이 좀 바뀌었고 세계화되었지만, 예를 들어 양고

기나 돼지갈비보다는 볼로냐 스파게티나 쿠스쿠스[36]를 더 선호하게 되었다 하더라도, 그리고 이전보다 간식을 더 많이 먹고 청량음료를 더 많이 마시는 것이 사실이라 하더라도 어떤 근본적이고 혁명적인 변화는 아직 없다는 것이 그 조사에서 얻은 결과이다. 식사나 식습관의 구조적인 변화란 당분간 일어나지 않을 것이다.[37] 그러므로 프랑스 요리가 지금 위협받고 있지는 않은 것이다!

■ 프랑스 요리의 존립을 걱정하고 있는 프랑스의 일류 요리사들은 그러니까 일종의 기우를 하고 있는 셈인가?

절대적으로 그렇다. 더군다나 이런 프랑스 요리 수호를 위한 외침이 그리 순수한 의도에서 나온 것이 아닌 이상 더욱더 그렇다고 할 수 있다. 오늘날 프랑스에서는 누가 더 민족주의자인가를 겨루는 일종의 '민족주의 경쟁'이 벌어지고 있고, 바로 이런 분위기는 몇몇 프랑스 요리사들로 하여금 조엘 로뷔숑[38]의 후계자가 되고자 하는 분명한 의도 안에서 자연스럽게 국수주의적 자세를 취하도록 만들고 있다.[39] 이 사건에서 세계화는 단지 구실에 불과하다. 게다가 '요리의 이종 교배'를 고발하는 시대착

---

36) Couscous, 아랍 음식의 일종. 〔역주〕

37) 클로드 피슐러(Claude Fischler), 〈10-11세의 어린이가 본 가정의 식사 Le repas familial vu par les 10-11 ans〉, *Cahiers de l'Ocha*, 6, 1996.

38) Joël Robuchon, 금세기 최고의 프랑스 요리사 중 하나라고 평가되는 사람. 〔역주〕

39) 1996년 10월 16일자 《리베라시옹 *Libération*》지.

오적인 주장까지도 볼 수 있다. 사실 지난 3세기 동안의 프랑스 요리 역사가 우리에게 알려 주는 것은, 외국에서 들어온 과일·야채·향신료들을 프랑스 요리로 계속적으로 유입한 것에 그 기초를 두고 있다는 사실이다. 바로 이런 차입의 논리는 외국 음식을 프랑스 국민 음식으로 만들기도 했다. 오늘날 그 누가 쿠스쿠스를 여전히 외국 음식이라고 말하겠는가?

음식에 관한 이런 논리는 다른 예술 분야에도 똑같이 적용될 수 있다. 브르타뉴 지방의 음악을 보라. 《에리타쥬 데 셸트》나 그룹 '카레 망쇼'의 성공은, 음악의 정체성은 이종 교배가 되어지면서 더 강화된다는 사실을 우리에게 잘 보여 준다. 물론 그렇다고 내가 이종 교배는 항상 성공을 거둔다거나 세계 음악은 반드시 훌륭한 창작을 낳는다고 말하는 것이 아니다. 내가 단지 말하려고 하는 바는 사람은 타자에게 자신을 엶으로써 자기 자신을 더 잘 지킬 수 있고, 강은 바다로 흘러감으로써 그 근원에 더 충실할 수 있다는 사실이다……. 오늘날 세계화가 창출해 내는 엄청난 양의 기술적·경제적 변화는 문화적 세계화로부터 태어난 이종 교배적 창작의 다양함과 풍요로움을 가리고 있다.

■ 이 세계화의 상상계 안에서 당신은 세계의 일상 생활을 말한다. 그런데 그것이 실제 시간 속에서는 진행되지 않으며 단지 세계라는 공간에서만 진행되는 일종의 '메타이야기' 같은 것인가? 나는 다이애나 황태자비의 장례식을 시청한 20억 시청자, 그리고 세속 사회들이 교회로부터 분리된 뒤에도 사라지기는커녕 여전히 지속되고 있는 상징들과 성체 배령의 필

요성을 생각하게 된다.

내가 생각하기에 오늘날에는 예를 들어 매스미디어 같은 것 때문에 비록 그것이 일시적이라 하더라도 지구촌의 점점 더 많은 사람들에 의해서 공유되는 세계적 일상이 존재하는 것 같다. 에밀 뒤르켐은 바로 각 국가의 차원을 넘어서서 존재하는 이런 '국제적인 삶'의 사회학적 효과를 예감한 선구자 중의 한 사람이었다. 다이애나 황태자비의 죽음, 올림픽 경기 또는 월드컵과 같이 매스컴의 높은 주목을 받는 사건들을 통해서 이런 세계적 일상의 공유가 생겨난다. 이것들은 일종의 밀도 높은 성체 배령의 순간들로서 자신을 타자와 동일시하게 해주고, 자신보다 더 큰 상징적인 전체에 자신을 속하게 해주며, 또 자신의 상대적인 특성을 표현하게 해준다. 우리는 올림픽 경기에서 메달을 따는 것이 우간다 선수나 자메이카 선수 또는 에티오피아 선수에게 의미하는 바를 잘 상상할 수 없다. 그들에게 있어서 이것은 세계의 기억 속에 남게 되는 유일한 기회이고, 대등한 기반에서 대화를 하며 타자와의 관계성하에서 존재하고 전 세계의 인정을 받게 되는 유일한 기회인 것이다.[40]

이런 강성의 시간 옆에는 연성의 시간들이 존재한다. 연성의 시간은 강성의 시간보다 더 약한 시간인데, 그렇지만 그렇다고 해서 그것이 결코 강성의 시간보다 덜 중요한 것은 아니다. 이

---

40) 이것이 바로 1997년 8월 15일자 《리베라시옹》지의 〈메달을 딴 세계에 대한 X선 투시〉란 제목의 기사에서 우리가 밝히고자 한 점이다.

하나의 음악이 지니는
정체성은 문화적
이종 교배를 겪으면서
더 강화된다.

연성의 시간 동안 전 세계 사람들은 세계의 일상에서 벌어지는 사건과 악행들이 그들에게 알려지는 것을 목도한다. 거기에는 일상적으로 벌어지는 전쟁과 학살, 댐의 파괴, 비행기 사고, 지진, 황태자의 결혼, 훌륭한 음악회 또는 개개인들의 무례한 행동의 끊이지 않는 지루한 반복이 있다. 이것들이 바로 전 세계 사람들 사이에 '일시적인 공동체'를 만들어 주는 세계의 이야기들이다.

영상의 빠르고 폭넓은 전파에 의해서 이루어지는 이런 가상의 세계 일상 외에도 문화 상품의 교역과 여행 또는 유명 관광지의 방문이 당연히 더해진다——예를 들어 1996년 한 해 동안 1천만 명의 사람이 파리 노트르담 교회를 찾았고, 5백만 명의 사람이 루브르박물관을 방문했다. 이런 세계적 현실의 사회적 결과를 정확하게 측정하기는 쉽지 않다. 왜냐하면 모든 사회 집단들이 이 일상 생활의 세계화에 똑같이 영향을 받고 있지는 않기 때문이다. 일상 생활의 세계화가 세계를 더 단일화하는 쪽으로 몰고 갈 것인가 아니면 더 다양화하는 쪽으로 몰고 갈 것인가? 나는 일상 생활의 세계화가 세계를 보는 매체를 단일화시키기는 하지만 그에 대한 해석은 더 다양하게 만들 것이라고 말하고 싶다. 미셸 드 세르토의 말을 부연해서 설명하면, 이 일상 생활의 세계화는 모든 사회에 하나의 단어집과 하나의 문법을 부여한다. 그렇지만 모든 사회는 이것을 가지고 자유롭게 문장을 만들 수 있는 자유를 또한 부여받은 것이다.[41]

■ 학술잡지 《에튀드》 1997년 3월호에 실린 당신의 논문에

서 당신은 일정(Agenda)의 공통화를 말했다. 당신은 그 글에서 다음과 같이 썼다: "같은 하나의 세계에 속해 있다는 감정은 세계 모든 나라들의 아젠다의 수렴 현상으로 해석될 수 있다. 달리 말하자면 자신이 속해 있는 사회가 어떤 것이든간에 그 사회에서 우리는 동일한 사실, 동일한 내용의 요청, 동일한 어려움 등을 발견하고 있는 것이다." 나는 투아레그족[42]이 우리와 동일한 사회 일정표를 지니고 있는지 어쩐지는 잘 모르겠다. 아무튼 이 문제에 관한 당신의 생각을 좀더 구체적으로 듣고 싶다.

내가 인류학자가 아니라 정치평론가이니까, 정치평론가로서 답변하겠다. 나는 전 세계의 여러 사회들이 얼마나 서로 동일한 문제와 동일한 도전 과제에 접하고 있는지, 또 심지어 그런 문제나 과제를 이야기하는 방식에서조차 얼마나 동일한가를 보고 아주 놀라지 않을 수 없었다. 브라질에서 노르웨이에 이르기까지 오늘날에는 그 누구나 국가의 위기를 이야기하고 공공 부문의 민간화, 공공 부문의 투명성, 인적 자원의 가치 고양을 이야기하고 있으며 시장으로의 이행이나 민주주의로의 이행 같은 좀더 정치적인 주제에 관해서는 이야기하지 않고 있다. 바로 이런 사실로부터 우리는 도저히 벗어날 수 없다고 느끼는 하나의 단일한 시간, 즉 세계 시간 속에 살고 있다는 느낌을 갖게 되는 것

---

41)《일상 생활의 발명. 행동하는 기법 *L'Invention du quotidien. L'art de faire*》, UGE 출판사, 파리, 1980, p.12.
42) 베르베르어를 사용하는 사하라 사막의 유목민족 중 하나. 〔역주〕

이다. 또 이러한 느낌은 마약·아동·경쟁력·질병·경제·관광·문화·인권 등에 있어서의 급증하는 세계적 차원의 관계 설정에 의해서 유지되고 있다. 이런 느낌은 또한 별로 눈에 띄지는 않지만 아주 중요한 의미를 지니는 회계·은행·산업 등에 관한 규범의 세계적 차원에서의 통일 작업을 통해 더욱 강화되고 있다. 우리는 이제 예를 들어 그리스 사람들이 핀란드 사람들보다 초콜릿을 더 많이 먹는지 또는 포르투갈 사람들이 이탈리아 사람들보다 잠을 더 적게 자는지를 알 수 있다. 또한 케냐 사람이 빅맥 햄버거를 하나 구입하기 위해서 얼마나 노동을 해야 하는지도 알 수 있다! 그러나 이런 세계에 대한 훨씬 더 풍부해진 정보가 우리로 하여금 그만큼 세계를 더 잘 이해할 수 있게 만드는 것은 물론 아니다. 그렇지만 바로 이런 정보들이 우리로 하여금 하나의 세계 속에 살고 있다는 느낌을 불러일으키고 있는 것은 부인할 수 없는 사실이다.

거기에다 세계적인 상품들을 팔기 위해 우리에게 엄청나게 광고를 해대고 있는 거대 기업들이 전 세계적 차원에서 서로 합병하고 있는 경향을 덧붙여야 하지 않을까?

물론 그렇다. 그러나 현실은 그것보다 더 복잡하다. 왜냐하면 일부의 몇몇 상품들이 지역적인 차이를 초월하여 전 세계적으로 팔리고 있다면 대부분의 상품들은 지역에 따른 다양한 요구와 기호를 반드시 고려해야만 팔리기 때문이다. 청소년의 예를 하나 들겠다. 수많은 인구학자들이 세계 인구의 거의 50퍼센트가

20세 미만의 젊은이로 이루어지는 2000년에는 '세계 청소년'
이란 개념이 형성될 것이라고 예언했다. 그래서 기업들은 앞다
투어 이 연령층의 인구를 고객으로 잡으려는 시도를 하고 있고,
광고를 통해서 그 연령층에 속한 전 세계 사람들이 공통의 가치
들, 공통의 고유한 문화, 또 물론 공통의 고유한 소비 문화를 지
니고 있다는 느낌을 주려고 노력하고 있다. 이런 측면에 대한
이해를 얻기 위해서는 지금 프랑스의 청소년들이 미국의 행동
양식과 소비모델에 얼마나 큰 영향을 받고 있는지를 살펴보는
것으로 충분하다고 생각된다. 그러나 이런 사회학적 인상주의가
이 문제의 실체를 모두 다 고찰하고 있는 것일까? 절대로 그렇
지 않다. 이 문제를 조금이라도 더 성찰한 사람들이라면 모두
전 세계의 청소년들이 결코 세계 공통의 고유한 문화를 갖고 있
지 않음을 알 수 있다. 왜냐하면 삶의 외연적인 양식은 세계화
된다 할지라도 삶 그 자체는 그리 쉽게 세계화되지 않기 때문이
다.[43] 삶의 양식이 삶 그 자체는 아니다. 비록 많은 사람들이 사
회적 상상계 속에서 소비가 차지하고 있는 위치 때문에 삶의 양
식과 삶 그 자체를 동일시하고 있다 하더라도 우리는 사람들이
코카콜라를 마시고 청바지를 입고 맥도널드 햄버거를 먹는다고
해서 그들의 삶이 미국화되었다고 말할 수는 결코 없다고 생각
한다.

　게다가 기업들도 다양성에 대한 존중이 세계 시장에 침투하기

---

43) 하미드 나피시(Hamid Naficy), 〈유배의 세계화 La mondialisation de
l'exil〉, *in* 자키 라이디 편, 《세계 시간》, 전갈서, p.252.

위한 전제 조건이 된다는 것을 잘 깨닫고 있다. 대량 생산을 위한 테일러식 생산 기법의 종말과 함께 우리는 제품들이 소비자들의 다양한 요구를 만족시켜 주어야만 하는 시대로 접어들었다. 이것이 바로 좀 거친 표현이지만 소위 말하는 '글로컬리제이션(glocalisation)'이다. '글로컬리제이션'이란 '글로벌리제이션(globalisation, 세계화)'과 '로컬리제이션(localisation, 지역화)'을 합쳐서 만든 말이다. 바로 이렇기 때문에 시장은 우리에게 다양화를 명령하고 있다는 사실을 우리는 인정해야만 한다. 하나의 제품을 위한 시장이 형성되어 있지 않으면 그 제품은 사라지고 만다. 기업들은 '계획된 상품 가치의 상실,' 즉 한 상품이 출시 당일부터 시장에서 사라질 때까지의 시간, 다시 말해 제품 수명을 결정하는 능력을 지니고 있는 것으로 여겨진다.

■ 이런 시장의 이데올로기가 각 국가가 지니고 있는 고유한 사회모델을 사라지게끔 하지는 않을까?

상업 논리의 확산 그리고 신자유주의에 대한 진정한 대안의 부재는 세계와 사물에 대한 일차원적인 시각을 갖도록 유도하고 있다. 이런 새로운 상황이 지니는 가장 분명한 특징은 레낭식 모델,[44] 스웨덴식 모델, 라틴식 모델 등 개별 국가 모델의 소멸이다. 오늘날 모든 사회들은 아주 규범적인 시장 이데올로기에 의해서 각자의 개성이 훼손되고 있는 상황에 처해 있다. 그리고 이

---

44) 독일식 모델을 지칭함. 〔역주〕

런 상황은 시장 역시 반드시 독특할 수밖에 없는 한 사회의 구성
물이라는 사실을 부정하거나 가치절하시키게 만들고 있다. 게다
가 이같은 시장의 획일화하는 힘과 한 사회 속에서 사회적·문
화적 다원주의가 유례없이 등극하는 현상 사이에는 아무런 조
정을 받지 못한 채 아주 강한 갈등이 존재하고 있다. 이 둘 사이
에서는 마치 문화적 다원주의가 각 개인이 자신의 개성과 특이
점을 발견할 수 있는 유일한 공간이요 피신처인 것처럼 보이게
끔 관계가 설정되고 있다. 또 신자유주의가 바로 이런 사실에
대해서는 거의 신경 쓰지 않는 것처럼 보인다는 사실은 둘 사이
의 갈등을 더욱더 심화시키고 있다. 내가 '힘의 논리' 그리고
'의미의 논리'라고 각각 부르는 이 둘 사이에는 분명한 단절이
있다.[45] 이같은 단절 상황은 분명 잘 대처될 수도 있다. 그러나
의미와 힘의 차원이 나중에 서로 다시 만나서 화해를 이룰 수
있도록 배려와 주의를 기울임 없이 단절되게 된다면 이 단절은
정신분열적인 성격을 띨 가능성이 있다. 그러므로 이런 분열이
의미와 힘 사이의 모순을 해결해 주는 상징적 공간인 국가라는
연결고리의 위기를 상당 부분 나타내 주고 있다는 점을 굳이 더
얘기할 필요도 없다. 게다가 이런 문제가 유럽, 즉 국가적 역사
가 아주 강하고 문화적 다양성이 아주 크지만 정치적 생존의 요
구 때문에 통합하고 있는 유럽에서는 더욱 두드러지게 느껴진
다. 역사적 다양성과 정치적 단일성이 서로 조화로운 관계를 맺

---

45) 참고. 자키 라이디, 《의미를 상실한 세계 *Un monde privé de sens*》,
페이야르 출판사, 파리, 1996.

는 것이 틀림없이 이론적으로는 가능하다. 그러나 그것이 쉬운 일이라면 유럽은 이미 오래전부터 하나의 강력한 세력을 이루었을 것이다. 여러 가지 측면에서 효율성은 다양성의 축소를 통해서 이루어지고, 공동 이익의 정의는 국가적 특이성의 부정을 통해서 이루어진다는 사실을 인정해야만 한다. 실제로 상황을 어렵게 만드는 것은 정치가들 중에 이런 제약을 받아들이고, 있는 그대로 이 어려움을 국민들에게 알릴 준비가 되어 있는 사람이 거의 없다는 점이다. 정치가들은 이런 정도(正道)를 택하는 대신 교묘한 술수를 쓰는 방식을 선택했다. 때때로 이런 술수는 성공을 거두기도 한다. 예를 들어 유럽 단일 통화제는 세계 시장의 제약 때문에 취한 불가피한 선택이라고 그들은 설명했고, 이는 성공했다. 그러나 유로화의 목적은 분명 정치적인 것임을 우리는 잘 알고 있다. 그렇지만 이런 술수가 더 흔히는 성공을 거두지 못한다. 예를 들어 유럽 사람들이 '의미'를 요구할 때, 더 많은 규범을 제공하는 것으로 답을 하는 경우가 그렇다. 다시 말해서 '유럽은 무엇인가?'라는 근본 내용에 대해서 답을 하는 대신에 외양간의 크기, 승강기의 규범 기준 같은 것을 개정하려는 목적의 일련의 조치를 우리에게 제시하고 있다. 바로 여기에 유럽식 오해의 근원이 있다.

■ 이런 다양성이 CNN 또는 루퍼트 머독[46]의 프로그램에

---

46) Rupert Murdoch, 호주 출신의 언론 재벌, 《뉴욕 포스트》지, 폭스 영화사, 홍콩의 스타 텔레비전 등을 소유하고 있다. 〔역주〕

세계화의 미학적 경향을
가장 잘 반영하는 것은
루시디·샤무아조
또는 나이파울이
보여 주고 있는 것과 같은
바로 이종 교배적
문화인 것이다.

의한 텔레비전 플래닝에 의해 엄청난 타격을 받고 있는 것이
아닌가?

  그 점에 관해 나의 대답은 미묘할 수밖에 없다. 텔레비전이 주
는 메시지에 대한 시청자들의 수용 태도에 관한 이론은 지난 20
년 사이에 많은 변화가 있어 왔다. 초기에 지배적인 이론은 '강
력한 영향'의 것이었다. 그 이론에 의하면 영향의 방향은 텔레
비전으로부터 시청자 쪽으로 한 방향으로만 고정되어 있고, 시청
자는 수동적으로 영향을 받는다. 그러나 시간이 흐르면서 저울
추는 역방향으로 기울었다. 그리고 이제 그 누구도 '강력한 영
향'을 이야기하지 않고 '제한된 영향'만을 이야기한다. 오늘날
가장 발전된 이론에서는 텔레비전의 메시지를, 텔레비전 영상을
보내는 사람과 그것을 수신하는 사람들이 함께 만드는 것으로
보고 있다. 〈달라스〉[47] 같은 텔레비전 연속극이 전 세계적으로 성
공을 거둔 것은 마케팅이 좋아서라기보다는 세계 도처에서 시청
자들이 그들 자신의 삶 속에서, 그리고 그들 자신의 문맥 속에서
이 미국의 텔레비전 연속극을 재해석했기 때문이라는 사실을 이
제 우리는 잘 알고 있다. 하나의 메시지는 그것이 다시 쓰여질
때에만 전달되는 것이다.[48] 게다가 통신 위성의 증가로 공급이
엄청나게 증가하여서 시청자들에게 선택할 수 있는 권한이 주어

---

47) 1970년대 미국의 텔레비전 연속극. 〔역주〕

48) 참고. 다니엘 다얀(Danielle Dayan) & 엘리후 카츠(Elihu Katz), 《의식
적인 텔레비전 *La Télévision cérémonielle*》, PUF, 파리, 1997; 다니엘 다
얀, *in* 자키 라이디 편, 《세계 시간》, 전갈서, pp.296-306.

지고 있다. 인도에서는 외국 텔레비전 프로그램의 유입이 자국어
로 된 프로그램의 발전과 균형을 맞추면서 이루어지고 있다. 그
렇지만 이런 다양성이 질의 향상이나 독창성을 함의하고 있는 것
은 아니다. 예를 들어 프랑스의 공중파 텔레비전에서는 최근에
미국 텔레비전 프로그램이 차지하는 비중이 낮아졌지만 그와 동
시에 〈행운의 수레바퀴〉[49]와 같은 미국화된 프로그램이 증가하
고 있는 실정이다. 불행하게도 이것은 프랑스만의 상황은 아니
다.《텔레라마》[50]는 최근호에서 미국의 텔레비전 프로그램을 모
방해서 텔레비전 쇼핑·감동·게임·스캔들을 조악한 방식으로
하나의 프로그램 속에 통합시켰고, 풍자 만화까지도 미국을 따라
한 호주의 텔레비전 프로그램에 대한 소개를 실었다.[51]

　　■　여전히 텔레비전에 나오는 홈쇼핑 방송은 그렇다손 치
더라도 '러브 퍼레이드'[52]나 '게이 프라이드'[53] 그리고 '장 미
셀 자르 버전의 모스크바의 8백50주년 생일'과 같은 것들은
더 봐주기 힘든 재미없고 **식상한** 것들이 아닌가?

　　당신이 좋은 음향 장치와 좋은 감정에 기반을 두고서 사람들
을 집결시키고자 하는 이 대단한 문화적 종교 예식이나 성체 배

---

49) La Roue de la Fortune, 미국 텔레비전 퀴즈 방송 〈Wheel of Fortune〉
을 모방한 프랑스의 퀴즈 방송.〔역주〕
50) Télérama, 프랑스의 텔레비전 전문 연구 잡지.〔역주〕
51)《텔레라마》, 1997년 7월 18일호.
52) 프랑스의 테크노 춤 축제.〔역주〕
53) 프랑스의 동성애자들의 축제.〔역주〕

령에 대해서 눈살을 찌푸리는 것은 옳다. 그렇지만 그 정도로 그치는 것이 가능한가? 나는 그렇지 않다고 생각한다. 나는 문화적 세계화 속에서 세계화를 구성하는 하나의 핵심적인 부분을 보지만 그것의 변명을 보지는 못한다. 모든 중요한 변혁들 그리고 모든 역사적 순간들은 다 문화적인 성격을 지니고 있다. 19세기말과 20세기초에 벌어진 일들을 보라. 당시에는 일련의 과학적 그리고 기술적 변화가 일어났고, 그리고 그 변화들은 오늘날 우리가 경험하고 있는 것과 동일한 이중의 기초, 즉 행위의 세계화와 시간의 가속화에 기반을 두고 일어났다. 최초의 전기 기관차는 1879년에 생겨났고, 최초의 전화에 의한 기사 송고는 1887년에 이루어졌다. 그리고 바로 이 시기에 대량 생산을 위한 테일러식 기법, 상대성 원리, 그리고 세계시가 탄생했다. 그런데 같은 기간에 이런 모든 변화에 대한 메아리처럼 새로운 예술의 형태들이 아울러 탄생했다. 예를 들어 문학의 경우에는 프루스트 · 조이스 · 파운드가 그렇고, 미술의 경우는 마티스 · 피카소 · 브라크가 그렇다. 또 음악의 경우는 스트라빈스키 · 쇤베르크 · 바르토크가, 언어학의 경우는 소쉬르가 그 예이다…….[54] 그러므로 우리가 지금 살고 있는 시기를 잘 이해하고자 한다면 이 시기를 표현하고 있는 문화적 · 예술적 형태들을 보아야만 한다. 내 생각에는 세계화의 미학적 경향을 가장 잘 반영하고 있는 것은 아마도 예술의 이종 교배인 것 같다. 루시디 · 샤무아조 · 나이파

---

54) 스티픈 컨(Stephen Kern), 《시간과 공간의 문화, 1880-1918 *The Culture of Time and Space, 1880-1918*》, 하버드대학교 출판부, 1983, p.23, 39.

울 그리고 르 클레지오는 이런 문화적인 변화를 보여 주는 예들이라고 하겠다. 이 다양한 문화적 표현들은 그러므로 당신이 생각하는 것처럼 세계화를 좀더 쉽게 받아들이도록 하기 위해 존재하는 것이 아니라 세계화 그 자체를 구성하고 있는 것이다.

■ 당신은 세계화가 단지 시장만을 의미하는 것은 아니라고 말했다. 그러나 세계화는 실지로 아주 종종 시장 그 이상의 것은 되지 못하고 있으며, 이는 세계화가 반영된 여러 문화적 형태에서도 마찬가지라는 사실을 부인하지는 못하리라고 생각된다.

물론 그렇지만 당신은 왜 그렇게 시장에 대해서 적대감을 갖고 있는가? 내가 보기에 중요한 것은, 시장 형성의 순수성을 유지시키는 것보다는 시장의 가치가 한 사회의 모든 문화적 표현들을 다원적으로 결정짓지 못하게 방해하는 것이다. 어쨌든 시장은 자유·다양성·다원주의를 나타낸다는 사실도 잊어서는 안 된다.

좌파, 국가, 그리고 자유주의

■ 세계화라는 현실에 직면하고 있는 좌파의 미래를 어떻게 바라볼 수 있을까? 좌파가 세계화를 극복하고 살아남을 수 있을까?

세계화는 좌파 전체에 정체성과 전략에 관한 곤혹스런 문제를 제기하고 있다. 좌파는 역사적으로 평등의 원칙이라는 강한 철학적 원칙과 모든 사람들 사이에 평등을 이룩할 목적으로 사회 변혁을 꾀한다는 단순한 행동 강령에 스스로를 동일시해 왔다.[1] 또 좌파는 이런 행동 강령을 실천하기 위해서 높은 공공 부분의 비중과 높은 누진세율의 조세 제도에 기반을 둔 사회 재분배 체계를 발전시키면서 늘 시장의 논리를 억제하는 경향을 보여 왔다. 그리고 이 모든 일들은 당연히 기본적으로 국가라는 틀 속에서 이루어져 왔다. 그렇지만 오늘날 좌파의 이런 좌표들이 심대하게 흔들리고 있다는 데에는 의심의 여지가 없을 것이다.

첫번째 변화는 경제적인 개방이 엄격하게 국가적인 차원 내에서 전략을 세울 수 있는 가능성을 줄여 놓았다는 사실과 관련이

---

1) 참조: 〈어떻게 사람들은 반자본주의자가 될 수 있는가? Comment peut-on être anti-capitaliste?〉, *Mauss*, 1/2, 1997.

있다. 우리가 좀 전에 이야기한 세제(稅制)의 경우가 이를 잘 증
명해 준다. 국가 경제의 개방뿐 아니라 경제 연합 및 통화 통합
을 이루는 정치적 계획이 이루어져서 각 국가 예산의 독립성이
나 통화의 독립성이 심대하게 줄어든 유럽의 경우는 특히 그렇
다고 할 수 있다. 또한 미국이나 일본의 경우보다도 더욱더 그렇
다고 할 수 있다.

두번째 변화는 이데올로기적 그리고 사회학적인 성격의 변화
이다. 이것은 사회적 변혁에 대한 불신과 관련을 맺고 있다. 우
리는 이제 사회적 변혁이 무엇인지 더 이상 모른다. 왜냐하면
우리는 사회가 무엇인지를 더 이상 알지 못하기 때문이다. 마르
셀 고세는 '우리의 위기(la crise du nous)'[2]라는 개념을 제시하면
서 이 점에 대해 아주 설득력 있는 설명을 우리에게 제공했다.
그는 이제 막 끝을 맺고 있는 20세기 내내 우리가 나보다 더 파
악하기가 쉬웠다는 사실을 강조했다. 달리 말해서 집단적인 우
리가 나, 정신분석의 대상이 되는, 잘 알 수 없는 나보다 분명히
더 파악하기가 쉬워 보였던 것이다. 그러나 그에 의하면 오늘날
이 우리와 나 사이의 관계는 크게 변화를 했는데 왜냐하면 어떤
집단이 이해할 수 없는 것이 되었기 때문이다. 게다가 우리 각
자가 처해 있는 상황이 그 무엇이든간에 우리는 과거 어느 때보
다도 사유하고 정의내리기가 훨씬 더 어려워진 것으로 보인다.
예를 들어 세계인권선언문에 나오는 우리는 지금 그것이 서방 세

---

2) 출전: 《우리는 누구인가? 유네스코의 철학적 만남들 *Qui sommes-
nous? Les rencontres philosophiques de l'UNESCO*》, 갈리마르 출판사, 파
리, 1996, pp.30-32.

계에 의한 지배권를 은폐하기 위한 언어로 사용된 것이 아닌가
라고 자문하는 아시아 사람들에 의해서 강하게 의혹을 받고 있
다. 국가적인 차원에서도 **우리**는 문제가 제기되고 있다. 왜냐하
면 이것은 인종적·문화적 다원주의의 등극 앞에서는 너무나 동
질적으로 보이기 때문이고, 또 초국가적 또는 기저 국가적인 정
체성에 의해서 그 성격이 침식당하고 있기 때문이다. 이 **우리**를
사유하는 데에 있어서의 어려움이 사회학적으로는 점증하는 상
황의 다양성 그리고 소위 말하는 '개인적인 여정'에 의해서 표
현된다. 과거에는 한 개인의 사회적·직업적인 위치가 그가 속
해 있는 하나의 범주에 대한 일반적인 답변을 도출해 낼 수 있게
하였다. 그러나 지금은 상황이 훨씬 더 복잡해졌다. 지금은 상
황의 변화에 의해서 특별하게 구별된 취급을 해야만 하는 예외
적인 상황들이 점점 더 많아지고 있다. 이 점에 관해서 시사하는
바가 큰 사실이 하나 있다. 그것은 오늘날의 사회적인 불평등의
심화는 서로 다른 계층 사이에서 일어나는 것이라기보다는 같은
계층, 같은 직업 범주 내에서 주로 일어난다는 사실이다.[3]

■ 어떤 점에서 이 다양성이 좌파에게 문제를 제기하는가?

이런 다양성은 좌파를 표방하는 모든 사회적 집단들을 한데
모을 수 있는 포괄적인 전략을 만들어 내는 일을 아주 어렵게 하

---

3) 피에르 로장발롱(Pierre Rosanvallon), 《새로운 사회적 문제 *La Nou-
velle Question sociale*》, 쇠이유 출판사, 파리, 1995, p.198 이하.

고 있다. 사회적 변혁을 생각하는 데에 있어서의 어려움은 집단적 차원에서 사회에 대해 행동하고 사회적 문제들을 해결하겠다는 믿음에 심대한 훼손을 가하고 있다. 오늘날에는 사람들이 더 이상 사회를 변혁시킬 능력이 없고, 반면에 유전학의 발전으로 인해서 인류를 변화시킬 수 있는 능력은 갖게 되었다. 그러니 현재의 상황은 아주 모순적이라고 할 수 있다!

이런 어려움에 덧붙여서 우리가 처해 있는 현재의 상황은 변혁이라는 개념을 생각하는 것이 불가능하다. 한 사회를 변혁시킨다는 것은 그 변혁의 기초를 이루고, 또 그것을 정당화할 수 있는 지평을 갖고 있다는 것을 함의한다.

그렇지만 오늘날 이런 문제는 분명하게 우리를 이 좌담의 초반에 이야기한 그런 목적론적인 문제로 돌려보낸다. 이제는 그 누구도 지평이나 목표를 정의할 수가 없다. 게다가 극도로 빠른 경제적·기술적인 변화에 사로잡혀 있는 세계 속에서 좌파는 진정한 사회 변혁의 계획을 수립하기보다는 이런 가속화된 변화의 논리에 노출되어 있는 모든 사회 그룹들을 보호하는 데에 더 골몰하고 있는 것처럼 보인다. 현 상황에서 좌파의 정체성은 다분히 방어적이다. 좌파는 변혁하려 하기보다는 현재 진행중인 변화의 파괴적인 효과를 억제하려는 데에 더 애쓰고 있다.

■ 그렇다면 좌파가 세계화에 맞서서 우파보다 더 비판적인 태도를 보여 주어야 하는 것이 아닌가? 또 좌파가 작금에 벌어지고 있는 임금 삭감에 대해 좀더 전면에 나서서 반대해야 하는 것 아닌가? 자유방임의 이데올로기와 과도한 구조 조정

에 대해서 좌파는 아니라고 말할 수 있어야 되는 것 아닌가?

　좌파를 표방하는 사회 그룹들이──이 사회 그룹들은 중산층, 공무원, 그리고 비전문 노동자를 말하는 것이다──경제적·사회적 활동에서 정부가 하는 역할이 축소됨에 따라, 사회적 불평등이나 지위의 불안정으로 짓눌리고 괴로움을 겪는다고 할지라도 좌파와 세계화의 거부를 서로 동일시한다면 그것은 좌파를 정죄하는 일이 될 것이다.

■　좌파가 결국 세계화를 수용하는 입장을 취하게 된다면 좌파는 어떤 입지를 가질 수 있는가?

　나는 이제 더 이상 좌파의 특징일 수 없는 것들을 말함으로써 그 질문에 대한 답을 시작하겠다. 좌파는 이제 더 이상 경쟁 산업 분야에서 공공 부문의 비중을 높게 가져간다는 원칙을 고수할 수 없다. 국가가 생산자인 시대는 이제 끝났다. 왜냐하면 이는 일자리를 유지하는 데에 필요 불가결한 국제 협력의 모색에 걸림돌이 되기 때문이다. 사유화하는 것이 이제 더 이상 배반을 하는 것이 아니다. 시장에 대한 이런 좀더 관용적인 시각은 상업적인 영역을 확대시키려고 애쓰는 태도까지도 지닐 수 있다는 점을 덧붙여 말한다. 유럽에 고용을 창출함에 있어서 방해가 되는 것들 중 하나가 폐쇄적이고 보호받는 직업들이 여전히 고수되고 있다는 점이다. 새로운 사람들에게 이런 직업들을 개방하는 것은 결코 야만적인 자유화가 아니다. 그것은 실업 앞에서의

오늘날 우리는 더 이상
사회를 변혁시킬 능력이
없지만 인류 그 자체를
변화시킬 능력을 지니고
있는 것을 볼 때, 작금의
상황은 퍽 역설적이라고
말할 수 있다.

불평등이 사회적으로 받아들여지는 것을 거부하는 일이다. 게다가 요사이 사람들이 많이 말하고 있는 새로운 종류의 일자리 창출은 정부나 지방 단체에 의해서 만들어진 일자리들을 기한 내에 지불 능력이 있게끔 하는 것인 이상, 상업적 논리의 연장선상에 있다고 사람들은 평가한다. 이 모든 사실은 결국 좌파의 계획이 단지 시장 논리를 수비적으로 억제하는 것이 되지 않아야 하고, 또 시장이 단지 일자리의 적이 되는 것은 아니라는 사실을 알려 준다.

좌파가 행해야만 하는 두번째 단절은 사회를 보호하겠다는 관점과의 단절이다. 사회적인 보호가 이제는 무조건적인 방식의 보호 형태를 띨 수는 없다. 반대급부라는 개념이 이제는 이 분야에 제대로 적용되어야만 한다. 게다가 RMI(revenue Minimum d'In-sertion; 최저통합수당〔무소득자에게 주어지는 수당〕) 제도를 고안하고 시행하도록 주도한 것이 바로 좌익 정부이다. 물론 이 중 두번째 것은 실제적인 내용이 별로 없는 것이다. 그러나 철학적으로 이것은 좋은 방향을 취하고 있는 것이다. 좌파가 더 일찍 이런 방향을 취하면 취할수록 좌파는 미국에서 workfare라고 부르는 것, 즉 사회보장을 받기 위해서는 일을 해야만 하는 제도를 받아들이는 것을 더 잘 피할 수 있을 것이다.. 좌파는 사유화를 함에 있어서 보여 주었던 신속함보다 더한 신속함을 가지고서 이 문제에 달려들어야 할 것이다.

■ 당신이 지금까지 말한 것 중에서 딱히 좌파에만 해당된다고 생각되는 점을 나는 발견하기가 어렵다.

여기서 이야기를 멈춘다면 당신의 말이 옳다. 그러나 다음과 같은 나의 분석이 이에 덧붙여진다. 좌파는 이제 과거의 마지막 찌꺼기들을 모두 청산할 것이기 때문에 새로운 균형과 새로운 장을 더욱더 잘 제시하기에 이르게 될 것이다. 국가라는 핵심적인 문제를 예로 들어 보자. 좌파는 분명히 생산 수단의 집단적 소유라는 원칙에서 벗어날 수 있다. 그리고 그렇게 함으로써 좌파는 반국가적인 성향을 지니고 있는 것 같은 신자유주의에 대항해서 분명 더 자유롭게 국가의 지위를 회복시키는 일에 뛰어들 수 있을 것이다. 국가의 지위를 회복시킨다는 것은 국가 의지주의 또는 막대한 공공 지출의 과거로 다시 돌아가자는 것이 아니다. 그것은 지금 우리가 잊고 있는 역사적인 사실, 즉 사회가 점점 더 경쟁에 노출되면 될수록 국가라는 존재에 대한 필요성은 증가한다는 사실[4]을 상기시키는 것이다. 이런 관점에서 유럽의 예는 그 시사하는 바가 크다. 유럽은 1980년에서 1996년 사이 국민 총생산량에서 사회보장비가 차지하는 비율이 증가했다. 물론 이런 증가가 전적으로 세계화와 경제 개방에만 관련이 있는 것은 아니지만 말이다.[5]

■ 그렇지만 공공 지출을 그만큼 증가시키지 않고서 어떻게 정부의 지위를 이전대로 복권시킬 수 있겠는가?

---

4) 대니 로드릭, 《왜 경제가 개방되면 될수록 더 큰 정부를 갖게 되는가 *Why do More Open Economics have Bigger Governments*》, NBER, *Working Papers*, 5537.

5) 《피가로 *Le Figaro*》지, 1997년 6월 19일.

바로 그것이 어려운 문제이다. 그렇지만 결코 해결하기 불가능한 문제는 아니다. 현재의 상황을 잘 성찰해 보면 우리는 다음과 같은 두 가지 사실을 목격할 수 있다. 첫째는 사회적 연대성을 침식시키는 경향을 지니고 있는 시장 지배하의 경제적·사회적 체제가 확립되고 있다는 것이고, 둘째는 더 많은 사회보장을 요구하는 사회적 압력이 증가하고 있다는 사실이다. 이런 이중적인 압력이 언제까지나 그대로 유지될 수는 없을 것이다. 이런 상황에서 벗어나기 위해서는 이런 상황의 양극화 현상을 해소시키는 것이 중요하다. 그렇게 하기 위해서 우리는 당연히 교육, 건강 또는 스포츠와 같은 몇몇 분야에 있어서 이 시장의 압력을 억제시키도록 노력해야 한다. 그러나 이 정도로는 충분하지 않다는 것은 분명한 사실이다. 사회를, 그 중에서도 특히 가장 소외된 사람들을 시장의 제약에 더 잘 대처할 수 있도록 문화적으로 준비시켜야만 우리는 이 목표에 다다를 수 있다. 방금 말한 이 두번째 조치는 시장이 지니고 있는, 일자리를 없애고 소외를 심화시키는 그런 경향을 감소시킬 것이다. 바로 이런 종류의 행동이 내 생각에는 바로 좌파가 해야 할 일이라고 생각된다. 그리고 이런 행동은 결코 수비적인 행동이 아니라 공격적인 행동이다. 시장에 다다르는 사회적·문화적 조건들을 평등하게 하는 일이 내 생각에는 좌파가 해야 할 아주 의미 있는 일이라고 생각된다.

■ 좌파가 스스로의 몫이라고 여길 만한 영역으로는 또 어떤 것이 있을까?

내 생각에는 아마도 우리 사회의 점증하고 있는 다원주의를 인정하는 일이 될 것이다. 즉 인종적·문화적·성적 다원주의 등을 말하는 것이다. 긍정적 차별[6]을 도입하는 투쟁을 포함한 모든 차별에 대한 투쟁은 공화국의 법 조항들과 합일할 뿐더러 공화국이 살아남기 위한 핵심적인 필요 조건이라고 생각된다. 후보자들의 여성화로 특징지어지는 최근의 프랑스 의원 선거는 긍정적 차별에 반대하는 논리들을 배격할 수 있게 해주었다. 오늘날 프랑스의 추상적 보편주의 모델이 겪고 있는 한계는, 아니 좀더 구체적으로 말해 시민들 사이에 실제적인 평등을 보장해 줄 수 있는 능력에 있어서 이 보편주의 모델이 보여 주고 있는 한계는 좌파로 하여금 추상적인 평등성보다는 구체적인 공평성에 기초하는 어떤 모델을 모색할 수 있는 충분한 입지를 부여해 주고 있다. 점점 더 불평등해지는 사회에서 모든 사람들에게 공통적으로 적용되는 원칙들을 정의하는 것으로는 충분하지 않다. 바로 이런 원칙들이 어떤 경우에는 불평등을 더욱더 심화시키기도 하기 때문이다. 그런 의미에서 나는 최근 프랑스에서 가계보조금을 가계 수입에 따라 차별적으로 지급하는 문제에 대해서 토론이 벌어진 것은 아주 좋은 징조라고 생각한다. 우파의 정치 프로그램이 1995년 가계 소득에 따른 차별적인 가계보조금 제도의 폐지와 일원화된 보조금 계획을 마련한 사건은 결국 부자들을 더욱 부유하게 만들고 빈자들을 더욱 가난하게 만들고 있다.[7]

6) 소외된 자들에게만 차별적으로 특혜를 주는 행위. 〔역주〕
7) 《리베라시옹》지, 1997년 8월 6일.

이 사건은 평등성과 공평성 사이의 점증하는 긴장을 잘 드러내
주고 있다. 아무튼 우리 사회가 점점 더 정의롭지 못해 가는 이
시점에서 불평등의 문제가 좌파 프로그램의 중심에 있지 않다
는 것은 좀 역설적인 것 같다.

■ 우리는 흔히 정부가 세계화의 가장 큰 패배자라고 말한
다. 왜냐하면 오늘날 정부가 지니고 있는 능력을 금융 시장이
나 다국적 기업이 지니고 있는 능력에 비교해 보면 극히 미미
하다고밖에 볼 수 없기 때문이다. 이에 대한 당신의 생각은 어
떠한가?

국가는 지금 엄청난 오해의 대상이 되고 있다. 사람들은 지금
순전히 기능적인 기준에서만 국가의 역할을 고집스레 분석하고
있지만, 국가란 이와 아울러 역사성을 지닌 사회적 기구이고 이
보다 더욱 사회적 관계이다. 이는 국가의 역할이 그것이 지니는
기능적 틀을 훨씬 넘어서고, 국가의 존립이란 것이 단순히 기능
적 차원에서만 논의될 수 없음을 의미한다. 사람들이 이 사실을
잘 이해한다면 국가가 쇠퇴할 것인지 아니면 그것의 복귀가 임
박했는지를 알고자 하면서 긴 시간을 보내지 않을 것이라고 나
는 믿는다. 그리고 사람들이 국가를 기능적인 측면에서만 생각
했다면 국가는 이미 오래전에 사라져 버렸을 것이다. 왜냐하면
최초의 국가 발전을 이끌어 냈던 요소들, 즉 예를 들어 내 생각
에 종교 전쟁을 평정함에 있어서 국가가 담당했던 결정적인 역
할 같은 것들이 오늘날에는 전혀 유효하지 않기 때문이다. 그리

고 국가가 사라질 것을 예고하는 역사의 모든 전환점에서 국가
는 그 역할을 되찾는다는 사실을 강조해야만 한다. 폴라니이는
예를 들어 반국가적인 성격을 지니는 자유주의 이데올로기가 맹
위를 떨치던 19세기의 한 시점에서 어떻게 사회주의 국가라는
개념이 탄생했는가를 잘 보여 주었다.

■ 아무튼 세계화가 세계의 거의 모든 곳에서 국가에 대해
심대한 타격을 가하고 있다는 것은 그 누구도 부정할 수 없을
것 같다…….

그것은 의심할 여지 없는 분명한 사실이다. 국가는 시장에 대
해서 우위적인 위치를 상실했다. 이 사실을 명백하게 드러내 주
는 예들이 많이 있다. 그 첫번째는 재화와 용역의 창출자로서의
국가 역할이 아마도 다시는 돌이킬 수 없는 쇠락의 길을 걷고 있
다는 것이다. 생산 수단의 공적 소유는 무엇보다도 오늘날 기업
들간의 국제적 제휴, 즉 세계화 과정의 중심에 위치하는 이 제
휴의 형성에 중요한 장애물이 되고 있다. 이런 변화는 우선 경
제적인 차원에서 아주 중요한 의미를 지니지만, 정치적인 차원
에서도 계속적으로 문제를 제기하고 있다. 특히 그 판단이 맞건
틀리건 간에 정부나 여론이 민감하다고 판단하는 경제 분야에서
국가 자본이 이런 변화에 의해서 주변화될 때는 특히 심대한 정
치적 문제를 야기하게 되는 것이다. 국가의 후퇴를 볼 수 있는
두번째 예는 이제까지 국가에 의해서 보호받았으나 지금은 경쟁
부문이 되어 버린 경제 부문들의 존재이다. 세번째 예는 전 세계

자원의 분배에 있어서 국가가 담당하는 역할이 축소되고 있다는 사실이다. 경제 발전에 있어서 공공 부문의 기여는 민간 투자 때문에 상당히 축소되었다. 이런 변화가 신흥국들에게는 아주 유리하게 작용했다. 그러나 그것은 아프리카같이 주변화의 길을 걷고 있으며 거의 경제적 이득이 없다고 판단되는 경제 지역에 대해서는 어떻게 하는 것이 합당할 것인가라는 문제를 제기한다. 그리고 끝으로 국가와 금융 시장 간의 관계도 크게 변화했다는 점이다. 국가들이 이제는 그들의 적자를 메우기 위해서 금융 시장에 의존하게 되었기 때문에 국가들은 금융 시장의 영향하에 놓이게 된 것이다. 시장을 감시하던 국가들이 이제 그 시장들로부터 감시를 받는 처지가 된 것이다. 그러나 그렇다고 해서 이런 사실이 국가의 후퇴를 반드시 함의하는 것은 아니다. 왜냐하면 국가가 그간 시장 체제에 더 자유롭게 접근해 왔었기에 더 많은 재정을 가질 수 있었고, 바로 이것이 오늘날 여러 국가들의 재정 적자의 원인이라는 사실 역시 간과해서는 안 되기 때문이다.

국가와 시장 사이의 힘의 관계를 이렇듯 분명하게 변화시킨 이 모든 경제적 요인들 외에도 소위 '권위의 분산'이라 불리는 것으로 특징지어지는 좀더 문화적인 요인들, 즉 인류학적 요인들이 더해진다. 달리 말해서 국가는 시장에 대해 우위적인 위치를 잃었을 뿐 아니라 사회에 대해서도 그 우위적인 위치를 잃어버렸다. 후견자로서 기능을 하는 국가의 권위는 다른 모든 후견자의 기능을 하는 권위들과 마찬가지로 이제 더 이상 위계적인 기반 위에서 군림할 수 없게 되었다. 국가의 권위는 다른 모든 사회 행위체들처럼 타협을 해야만 한다.

　■　그렇다면 당신이 지금까지 말한 문맥 속에서 국가의 역할을 어떻게 정의할 수 있겠는가?

　세계화가 만들어 놓은 새로운 문맥은 국가의 합법성과 영향력이 어느 정도 상실되었다는 사실과 동시에 국가에 대한 사회적인 요구가 계속해서 더 증폭되고 있다는 사실로 특징지어진다. 나는 이 문제를 강조하고 싶은데, 왜냐하면 그 문제는 우리가 반드시 해결하려고 노력해야만 하는 중대한 모순을 제기하기 때문이다.

　서구의 주요 국가들에서 나타나는 국가에 대한 사회적인 요구를 분석해 보면 대체로 그 요구는 다섯 가지 유형으로 구분될 수 있다. 첫번째는 세계화에 의한 변화와는 무관한 요구이다. 그것은 경찰 · 법률 · 치안 등과 같은 전통적으로 국가가 지니고 있었던 기능에 관한 것이다. 요즘 들어서 사람들은 이런 국가의 기능이 국제 범죄, 테러리스트 운동, 치안의 민간화 등의 이유로 인해 위협받고 있다는 말을 많이 한다. 이는 아마도 사실인 것 같다. 그러나 이런 위협이 있다고 해도 그로 인해서 국가가 붕괴될 위험에 처해 있다고 말할 정도는 아니다. 게다가 국제적 인구 이동과 같은 예민한 분야의 예를 들자면 사람들은 흔히 이 이동이 전혀 통제되지 않는 상태에서 이루어지고 있다는 말을 많이 하는데, 각 국가들이 자신의 국경선을 통제하는 능력은 여전히 거의 완벽하다는 점을 나는 지적하고 싶다. 프랑스의 경우에 있어서 불법적인 월경(越境)은 아주 드물게 일어나고 있다. 프랑스에 불법체류자의 수가 아무리 많다 해도 이 사실에는 변함이 없다.

불법체류자란 합법적으로 입국을 해서 그 체류 비자의 만기 이후에도 계속 체류하고 있는 사람을 말한다. 그러므로 불법체류자는 국가의 국경을 통제하는 능력과는 아무런 관련이 없는 것이다. 알제리 사태가 시작되기 전까지 프랑스는 알제리 사람들에게 80만 개의 비자를 발급해 주었으나 오늘날에는 그 수가 4만 개로 대폭 줄었다. 유고슬라비아 내전 당시 프랑스 정부는 독일 정부와는 달리 보스니아 난민들을 자국 내로 받아들이는 데 아주 인색했거나 아니면 아예 거부했다고 할 수 있다.

국가에 대한 요구의 두번째 유형은 인구의 변화, 좀더 구체적으로 인구의 노령화에 기인한 것이다. 즉 이것은 시간이 흐를수록 인구의 노령화에 대처하기 위해서 더 많은 재원을 써야 한다는 사실을 의미하는 것이다. 게다가 이것은 세계화다 규제 철폐다 하고 아무리 떠들었어도 1980년부터 1994년 사이 유럽에서, 국민 총생산량에서 사회보장에 투여된 지출이 차지하는 비율이 증가한 근본적인 이유이다. 특히 그리스나 이탈리아처럼 사회보장을 위한 지출에서 노인들에 대한 지출이 60퍼센트를 넘는 나라의 경우에는 이 증가율이 특히 괄목할 만하다.

■ 그러나 이러한 노인들에 대한 부담을 국가가 혼자서 전부 다 지는 것은 아니지 않은가?

물론 그렇다. 그러나 국가의 부담률이 무시할 수 없을 정도로 크다는 사실이다. 프랑스의 경우 공공 지출이 국민 총생산량 중에서 54퍼센트를 차지하고 있다. 그리고 사회적 지출이 공공 지

« 국가는 의미를
창출해 내는
필요 불가결한
존재로 계속 남을 것이다. »

출의 4분의 3을 차지하고 있는 것이다. 여기서 우리가 알아야 할 사실은 국가에 대한 이런 거의 기계적인 요구의 증가는 세계화나 구조 조정의 과정과는 아주 무관하게 이루어지고 있다는 것이다. 그리고 바로 이것이 국가에 대한 요구와 반국가적인 자유주의자들의 압력 사이의 피할 수 없는 긴장의 원천을 이루고 있는 것이다.

지금까지 언급한 두 가지 유형의 국가에 대한 요구 외에 시장 논리의 확장과 관련된, 내 표현으로는 '보상적 요구'라는 것이 있다. 직업보조금이나 실업 보험과 같은 제도에 대한 요청이 바로 이런 종류의 국가에 대한 요청에 해당하는 것이다.

여기에 기술의 변화, 연구 및 교육에 대한 투자와 같은 세계화에 직접적으로 기인한 국가에 대한 새로운 종류의 요구가 있다. 또 시장의 자유화 때문에 자유주의 논리가 파급되는 것을 조절하기 위한 규제를 정부에게 요구하고 있다.

마지막으로 이 모든 종류의 국가에 대한 요구에 더하여 오늘날 점점 더 중요성이 부각되고 있는 또 하나의 국가에 대한 요구, 내 표현에 의하면 '의미의 요구'라는 것이 있다. 예를 들어 문화적 측면에 있어서 프랑스보다 국가에 훨씬 덜 의존적인 미국과 같은 자유주의 사회에서조차도 국가에 대해 이런 '의미의 요구'가 강하게 일고 있다. 국가는 의미를 창출해 내는 필요 불가결한 존재로 계속 남을 것이다. 그렇지만 그렇다고 해도 국가에 의한 이런 의미의 창출이 수직적이고 권위주의적인 방식으로 이루어진다는 것은 이제 더 이상 있을 수 없는 일이 되었다. 왜냐하면 사회는 이제 그것을 더 이상 용납하지 않기 때문이다.

아무튼 미래의 문제에 대해서 사회를 계몽하는 국가의 능력은 여전히 절대적으로 우리에게 필요한 것이라고 여겨진다. 예를 들어 새로운 정보 기술이 제시하는 사회적 이슈에 대해서 나는 오늘날 미국이라는 나라가 프랑스보다 훨씬 더 그 본유의 기능을 잘 발휘하고 있다는 좀 역설적인 느낌을 갖고 있다.

■ 하이테크 분야에서 미국 정부는 어떤 역할을 담당하고 있는가?

정보의 고속도로[8]에 관한 고어의 보고서는 미국이 이 분야에 관한 방향 설정을 함에 있어서 아주 중요한 역할을 담당했다. 유럽에도 이런 종류의 보고서가 몇 개 나왔지만 고어의 보고서 같은 심도 있고 방대한 규모를 가진 보고서는 존재하지 않는다.

■ 국가의 위상을 회복시키려는 노력 가운데에서 많은 사람들이 인접성(proximité)이란 개념을 이야기하고 있다. 그러나 이 개념은 사회적 현실을 배경에다 두는, 즉 국가 앞에 펼쳐지는 사회적 현실에 대해서 국가가 거리를 두는 국가의 역사적 기능과는 서로 배치되는 것이 아닌가?

지금 그 말에 나도 전적으로 동의한다. 정치가들은 자신들의 정당성을 얼마간 다시 회복하려는 시도로서 점점 더 인접성이란

---

8) 인터넷을 지칭함. 〔역주〕

개념을 이야기하고 있다. 그러나 이것은 아주 애매모호한 개념이다. 왜냐하면 일반 국민들은 그들이 지금 지니고 있는 구체적이고 현실적인 문제를 국가가 해결해 주기를 물론 바라지만, 다른 한편으로 그들은 국가에 대해 지평을 열어 달라는 요구를 하기 때문이다. 만약 인접성이 잘 축적되어 사회적 현실에 지평을 열어 줄 능력을 갖게 된다면, 그런 인접성은 당연히 유익할 것이다. 그러나 반대로 인접성이 국가 또는 정치적 행위체로 하여금 미래로의 투사를 하지 못하게 하거나 그 사회의 상징적인 지평을 열어 주지 못한다면 그런 인접성은 헛된 것에 불과할 것이다. 바로 그럴 때 인접성은 그저 응급성과 즉시성의 논리만을 강화시켜 줄 뿐일 것이다. 한 사회는 인접성도 필요로 하고 집단적인 상징 또한 필요로 한다. 이 두 요구를 서로 대립시키거나 둘 중에 하나를 선택하는 것은 의미의 위기를 해소하기보다는 그 위기를 더 심화시키는 일이 될 것이다.

■ 이 세계화의 이데올로기, 우리는 그것이 우리의 지각과 기억에 미치는 강한 호소력과 반향을 매일 경험하고 있다. 그렇지만 이 세계화 이데올로기의 전파 경로나 주역들에 대해서는 잘 모르고 있다. 이 점에 대해 좀 설명해 달라.

기본적으로 세계화의 요구는 세계화의 주역들, 즉 다국적 기업들, 금융 시장에 참여하여 있고 그 시장을 이끄는 사람들·주주들 그리고 소비자들로부터 나온다. 이 모든 이들은 그들의 요구를 결정함에 있어서 기술 발전의 과정, 진행되고 있는 이데올로기적 논쟁 또는 한 사회의 정치적·문화적 제약들에 의해서 영향을 받는다. 예를 들어 만약 민영화된 사회보장 제도 프로그램에 대한 논의가 사회적으로 일지 않았다면 AXA[9]는 최근에 내놓은 그런 민영화된 사회보장 제도 프로그램을 결코 내놓지 않았을 것이다. 세계화의 요구는 일반적으로 다음의 다섯 가지 점과 관련을 맺고 있다. 첫째는 그동안 보호받았던 여러 나라의 국내 시장 개방, 둘째는 이제까지 국가에 의해서 보호를 받았던 여러 경제 분야의 시장 개방, 셋째는 시장의 조정 메커니즘, 넷째는 국제적 차원에서 벌어지고 있는 상업적 게임 규칙의 유기적인 조화, 다섯째는 생산비의 절감과 탄력적 조절을 방해하는 행정적·규제적·법제적 장애물들의 제거이다. 이러한 요구들은 주로 국가를 향하는 것들이고, 사람들은 국가가 이런 게임의 규칙들을 만들어 내고 보장해 줄 것을 기대하고 있다는 것을 당신은 앞으로 주목하게 될 것이다. 이러한 조치들이 국가, 사회보장 제도, 또는 고용에 미치는 사회적·정치적 반향은 분명 엄청나겠지만 이런 요구들은 기술적이고 실제적인 방식으로 제시된다.

이런 신자유주의식의 요구는 내가 '입안자'라고 부르는 사람들, 즉 이런 다양한 요구들을 형상화시키는 사람들에게 결정적으로 전달된다. 이 '입안자'들은 비록 일반 대중들의 눈에는 잘 띄지 않지만 세계화 이데올로기의 전파에 있어서 절대적이고 결정적인 역할을 한다. 이 '입안자'들은 기본적으로 앞서 말한 대

---

9) 다국적 보험회사. 〔역주〕

기업들·투자 자문회사·사유 재단·대형 로펌회사들로 구성되어 있다. 프라이스 & 워터하우스(Price & Waterhouse)사, 피트 마빅(Peat Marwick)사, 에른스트 & 영(Ernst & Young)사, 아서 앤더슨(Arthur Anderson)사들이 최초에는 여러 기업들의 회계를 관리해 주는 기술적인 일을 담당했었지만 지금은 세계화의 핵심적인 주역이 되었다.[10] 그리고 그들의 역할은 앞으로 더욱더 커질 것이다. 왜냐하면 그들은 상업 전 분야에 대해서 시장의 국제적인 변화, 기술의 변천, 경제 에이전트들의 기대, 진행되고 있는 문화적 변화에 관한 정보의 전달자라는 아주 핵심적인 역할을 하고 있기 때문이다. 이들은 세계화에 대한 가장 훌륭한 정보의 원천 중 하나이다. 그리고 이 정보들은 돌아다니면서 세계화에 대한 사회적 상상계의 기본 구조를 형성한다. 이 경제 자문회사들은 오늘날 세계화의 상징들을 조작하는 주역들 중 하나가 되었다. 이 회사들은 또한 소위 말하는 '가장 좋은 관행들'을 유포하는 데에 있어서도 핵심적인 역할을 수행하고 있다. 그래서 이 회사들은 기업들에게 현재 행해지고 있는 가장 좋은 관행들을 알려 준다. 이런 식으로 이들은 관행의 조화, 관행의 표현에 있어서의 조화를 이루는 데에 크게 기여하고 있다. 이 회사들이 모두 다 하나같이 영미 계통의 회사라는 사실은 자연히 이런 관행의 표현 방식에 영향을 미치고 있다. 끝으로 이 회사들은 다국적 기업들이 공공 권력에 대해서 행하는 요구의 형식을 정함에

---

10) 참조: 수잔 스트레인지(Susan Strange), 《국가의 퇴각. 세계 경제에 있어서의 힘의 전파 *The Retreat of the State. The Diffusion of Power in the World Economy*》, 케임브리지대학교 출판부, 1996, p.135 이하.

있어서, 그리고 합병·구매·구조 조정 등에 있어서 기업이 취할 수 있는 활동들의 종류를 정의함에 있어서 가장 중요한 역할을 담당하고 있다. 우리는 이데올로기를 논의할 때 이런 중요한 역할을 담당하는 기관들은 도외시한 채, 정당이나 기타 정치 단체들을 무의식적으로 돌아보게 된다. 그러나 이것은 핵심을 벗어나는 일이다.

이 세계화의 이데올로기를 유포하는 세번째 주역은 내가 '시장의 자율 기관들'이라고 부르는 것들이다. 이 기관들 역시 일반인들에게는 전혀 알려져 있지 않으며 기술적인 일을 담당하는 기관이다. 그러나 이 기관들은 세계화를 단지 추상적인 이데올로기로만 머물지 않고 극단적으로 구조화시키는 관행으로 만드는 데에 결정적인 역할을 담당하는 기관들이다.

■ 그런 기관들이란 구체적으로 어떤 것들인가?

그 기관들은 약자로 된 명칭을 지니고 있기 때문에 보통 사람들은 전혀 무슨 일을 하는지 짐작도 못하지만 실제로 엄청난 영향력을 행사하는 기관들이다. 이런 기관들 중에는 은행을 감독하는 일을 하는 '발위원회(Comité de Bâle),' 각 국가의 채권 발급 기관들의 국제적 조직인 IOSCO, 채권에 대해서 동일한 역할을 담당하는 ISMA, 그리고 산업 표준을 정하는 일을 맡고 있는 ISO 등이 있다.[11]

시장에 의해서 만들어진 이런 기관 외에도 국제결재은행과 같은 금융 기관들 그리고 국제무선통신협회를 덧붙일 수 있다. 국제결재은행이나 국제무선통신협회 같은 기관들은 민간 경제 주체와 공공 부문의 주체들이 한데 모여 있는 기관들이다. 산업이나 상업의 표준을 만드는 작업은 눈에 띄지도 매력을 끌지도 않는 기술적인 작업이다. 그렇지만 이런 기준의 선택들은 경제적·금융적 차원에서 아주 중요한 의미를 지니는 것이다.

시장의 행동 주체들에 의해서 만들어진 이런 기관들 외에도 내가 세계화의 '정치적 처방자'라 부르는 네번째의 행위 주체들이 있다. 그들은 자신들에게 전달되는 요구나 제약으로부터 그들 고유의 표현 방식에 따라서 세계화의 형성 방식에 관한 각 나라 정부들에게 직접적으로 보내지는 처방을 제시하는 국가 기관이나 초국가적 기관들이다. 바로 이런 네번째의 행위 주체들 중에서 내가 보기에 핵심적인 역할을 수행하는 다음의 세 기관들이 있다: IMF, 세계은행, 그리고 OECD가 그것이다. 성격에 있어서 각기 서로 크게 다른 이 세 기관들은 우선 타의 추종을 불허하는 통계 정보의 원천들이다. IMF와 세계은행의 경우 이런 정보뿐만 아니라 재원, 그리고 금융·거시경제·부문별 경제에 관한 전문가적 식견을 지니고 있다. 빈곤 국가들과 구사회주의 국가들에게 이 두 기관들은 오늘날 막강한 영향력을 행사하고 있다. 유럽에서 이러한 영향력을 행사하는 기관이 바로 OECD이다. OECD는 거듭되는 보고서를 통해 영미 국가들의 성공 사례를 전면에 내세우면서 노동 시장의 탈규제화를 강력하게 주장하고 있다. 또

---

11) IOSCO: International Organization of Securities Commissions; ISMA: International Securities Market Association; ISO: Industrial Standard Organizations.

이런 기관 외에도 다보스에서의 회합으로 유명해진 세계 경제
포럼(World Economic Forum)을 빼놓을 수 없다. 이 기관에서는
매년 각 국가의 국가 경쟁력에 관한 보고서를 내고 있다.

■ 그 기관들이 다 신자유주의적 입장을 취하고 있는가?

물론 각 기관이 서로 다 다르고 또 그 성격이 변화하고 있지만
기본적으로는 이 모든 기관들이 신자유주의적 입장을 취하고 있
다고 말할 수 있다. 예를 들어 국가의 역할에 관해서 말하자면
세계은행의 최근 보고서는 국가에 대한 영·미식의 명제를 결코
받아들인 적이 없는 아시아인들의 강한 압력의 대상이 되고 있
다. 그런데 흥미로운 사실은 세계은행의 이 최근 보고서에 실려
있는 국가에 관한 참고 문헌에는 프랑스의 문헌이 단 하나도 실
려 있지 않다는 것이다.[12] 이런 상황 속에서 당신의 질문에 대한
답변으로 다시 돌아온다면 오늘날 신자유주의의 압력을 억제하
고자 하는 두 개의 커다란 기관들이 있다. 그 하나는 유엔의 개
발 프로그램이다. 이 기관은 인간 발전에 관한 연례보고서를 통
해 각 국가의 부에 대한 덜 상업적인 정의를 찾으려 애쓰고 있
고, 환경이나 사회보장과 같은 발전의 질적인 측면들을 강조하
고 있다. 다른 하나는 국제노동사무국이다. 이 기관은 다음의 두
전선에서 싸움을 하고 있다. 하나는 과도한 신자유주의의 팽창
에 대항해서, 그리고 사회보장 제도의 확충 요구를 선진국들이

---

12) 1997년 세계은행의 《세계 발전 보고서 *World Development Report*》.

저개발 국가의 경쟁에 맞서기 위해서 사용하는 무기라고 생각하는 몇몇 저개발 국가들에 대항해서 싸움을 하고 있다.

■ 아무튼 당신은 세계화가 비국가적인 사회적 행위 주체들이 세계화의 진정한 동인이 되지 않은 상태에서 진행되고 있다는 느낌을 갖고 있는 것 같은데…… 안 그런가?

그렇지 않다. 나는 결코 그렇게 말하지 않을 것이다. 예를 들어 인권의 경우 엠네스티(Amnesty)는 그 어떤 국가보다도 더 잘 그리고 더 많이 그 분야에 관한 일을 하고 있다. 국제 엠네스티는 인권에 관한 세계 문화를 발전시키는 데 크게 기여했다. 환경 보호의 경우에도 NGO는 마찬가지로 아주 큰 역할을 담당했다. 내가 이미 말한 것처럼 당연히 국가와 NGO 사이의 힘의 관계는 종종 불평등하다. 리우 회의가 있은 지 5년 후에 열린 뉴욕 회의의 실패는 국가의 논리가 일의 진전에 있어서 또는 그 반대로 해결책의 봉쇄에 있어서 여전히 얼마나 결정적인 역할을 하고 있는지를 잘 보여 준다. 그렇지만 세계화에 있어서 비국가적 행위 주체들의 역할은 앞으로 더 증가할 것이고, 더 중요해질 것이라는 점은 분명한 경향이다.

■ 10년 전부터 우리는 이 급진적인 신자유주의 이데올로기가 세상을 지배하고 있는 것을 보고 있다. 그리고 이 경제 이데올로기는 관용과 다원주의에 기초한 정치적 자유주의의 원리와는 상당한 차이를 보이고 있다. 이 모든 것이 결코 좋

은 징조라고 말하기는 어렵지 않은가?

내가 생각하기에 그것은 분명 정치적으로 아주 중요한 사실이다. 이 신자유주의 이데올로기는 세 가지 종류의 불균형으로부터 자양분을 얻고 있다. 첫째는 신자유주의를 대체할 만한 대안의 부재, 둘째는 경제적 사유에 있어서 정치적 사고가 차지하는 비중의 주변화, 셋째는 시장 경제라는 가장 비사회적인 체제에 주어지는 최우선권이 그것이다. 이 세 종류의 불균형이 바로 오늘 문제를 야기하고 있는 것이다. 그러므로 이제 우리에게 주어진 선택은 시장과 사회주의 사이에서의 선택이 더 이상 아니다. 우리에게 주어진 선택은 바로 시장에 대한 정치의 독립성을 내재적으로 인정하고 있는 시장 경제와 그것을 근본적으로 부정하는 시장의 사회, 이 둘 중에서의 선택이다. 이런 변화는 다음 두 가지 이유가 서로 합해져서 곱절로 걱정스러운 상황을 만들어낸다. 첫째는 이런 변화가 종국에는 시장과 사회를 대립시키게끔 만들 것이기 때문이다. 둘째는 이런 변화가 낡아빠져서 이제는 더 이상 유효하지 않다고 생각하는 어떤 사회적 구습들을 다시금 재생시키는 성격을 지니고 있기 때문이다. 바로 이런 어려움은 왜 세계화가 좌파뿐 아니라 전통적인 우파에게도 똑같이 문제를 야기하고 있는지를 잘 설명해 주는 것이다. 왜냐하면 우파 역시 시장의 사회적 영역 침투를 어떻게 받아들여야 할지, 그리고 시장에 대한 정치의 상대적 독립성을 어떻게 유지해야 할지를 더 이상 모르고 있기 때문이다. 내 생각에 자유주의자들은 근본적으로 그 자체로서 사회는 존재하지 않는다는 하예크의 생각을 받아들이지 않고서는 오늘날의 사회적 선의 방향에 대해서 생각할 수 없는 것 같다. 그리고 이런 하예크의 주장은 토크빌이나 벵자맹 콩스탕의 후계자들에게는 문제만을 야기하는 끔찍한 명제인 것이다. 왜냐하면 문제의 본질이 바로 거기에 있기 때문이다. 이제 문제는 더 이상 시장에 찬성하느냐 또는 반대하느냐가 아니다. 관건은 시장이 사회적 현실 전체를 고려하는 그런 소명을 지니고 있는가를 아는 것이다. 신자유주의는 그러므로 시장은 하나의 역사나 하나의 문화 속에 편입될 때에만 생각될 수 있고 유지될 수 있다는 것을 상기시키는 또 하나의 토크빌, 즉 신자유주의의 토크빌을 기다리고 있다. 그렇지만 이런 중요한 점에 있어서 내가 알기로는 자유주의자들에 의해서 주어진 그 어떤 개념적인 대답도 아직 존재하지 않는다. 오히려 그 반대로 내 경험에 비추어 보면 신자유주의적 풍토의 사회 계층, 특히 몇몇 경영자 계층은 정치적 요구에 대해서 심지어 그 정치적 요구가 자유주의적인 색채의 것이라고 할지라도 알레르기 반응을 보이고 정치에 대해서 자신들의 독립성을 유지하는 경향이 점점 더 강화되고 있는 것을 목도하게 된다.

이런 새로운 상황의 정체를 잘 밝혀 주는 예를 하나 들겠다. 스위스의 제네바는 권위를 자랑하는 《주르날 드 주네브》라는 신문을 지니고 있음으로써 지금까지 그 도시의 고유한 성격을 유지해 왔다. 그렇지만 이 신문은 이제 곧 사라지게 된다. 왜냐하면 이 신문의 적자를 그동안 메워 주던 재계가 그들에게 재정적으로 의존하고 있는 이 신문이 자신들에 대해서 비판적인 언론의 힘을 행사하는 것을 이제 더 이상 묵과하지 않겠다고 하기 때문이다. 나는 하나의 예를 들었지만 이것은 그저 하나의 고립된 예에 지나지 않는 것이 결코 아니다. 이탈리아의 신문《스탐파》의 경우도 아주 유사한 상황에 처해 있다. 신자유주의자들은 정치적인 차원에서는 점점 더 반자유주의자가 되고 있다. 왜냐하면 시장이 그들의 유일무이한 기준이 되고 있고, 또 그들의 유일하게 의미를 지니는 지평이 되고 있기 때문이다. 이런 관점에서는 그 어떤 행동이나 전략이나 표현도 도구화될 수 있는 것이다. 하나의 신문이 단기적으로 시장에서 당신의 입지에 방해가 된다면 그 신문을 왜 후원하겠는가? 비판이 결국 유익하고, 한 신문을 유지시키는 것이 문화적 유산을 보존하는 차원의 일이 된다는 사실은 완전히 이차적이고 부수적인 사실이 되어 버렸다. 전통적인 이데올로기와는 달리 신자유주의 이데올로기는 상징에 대해서 전혀 신경 쓰지 않는다. 반대로 신자유주의는 사실과 시장이 부여하는 제약에만 의지한다. 신자유주의 이데올로기는 집요하게 사회적 현실을 비상징화하려 애쓰고 있고, 또 사회적 현실에 이념적 성격을 부여하려 애쓰고 있다.[13]

■ 당신은 지금까지 세번째 불균형에 대해서 말했다. 그런데 경제가 세상을 바꾸고 있다. 그렇지만 세상을 단지 경제의 세계로만 바꾸고 있다. 경제는 자본주의를 운동 경기장처

---

13) 이런 비상징화는 비정형적인 것이다. 왜냐하면 하나의 이데올로기란 현실과 상징 체계를 통한 그 현실의 표현 사이의 비틀림을 전형적으로 갖고 있기 때문이다. 이 점에 관해서는 폴 리쾨르(Paul Ricœur)의《이데올로기와 유토피아 L'idéologie et l'utopie》, 쇠이유, 파리, 1977을 참조할 것.

럼 만들고 있다. 바로 이런 것이 가장 무서운 위험이 아닐까?

가장 중요한 불균형은 경제적 논리보다는 금융 논리에 훨씬 더 특권을 부여하는, 즉 장기보다는 단기를 더 중시하고 투자보다는 이익을 더 중시하며, 기업의 유기적 조직화보다는 비용 절감을 더 중시하는 구조와 관련된 것이다. 경쟁의 가열화는 생산성의 낮은 증가율과 함께 이런 상황을 더욱더 심화시키는 데 일조하고 있다. 이런 체계는 점점 더 불균형적으로 되어간다. 왜냐하면 이 체계가 임금노동자들에게 불이익을 가져다 주기 때문이다. 시장의 돌발적 사태에 대해서 프랑스보다 훨씬 더 익숙한 미국 같은 사회에서조차 이런 체계가 지니는 역동성은 아주 강력한 저항에 부딪히고 있다. 예를 들어 속달우편회사 UPS의 우편집배원들의 상징적인 파업이 그 예의 하나라고 할 수 있다.

새로운 프랑스식 모델

■ 이런 모든 현실 가운데 놓여 있는 프랑스는 지금 어떠한가? 프랑스의 국가적 정체성은 앞으로 어떻게 될까? '정체성'이란 단어는 사실 그 뜻이 모호하다. 피에르 앙드레 타기에프가 말한 것처럼 그것은 '개념적으로는 정의할 수 없는 정의적이고 상상적인 형태'를 지닌 것이다. 그렇지만 여전히 우리는 우리나라의 운명에 대해 심사숙고해야 하고, 자본의 자유로운 유통에 저해되는 모든 것들을 악으로 규정하는 세계화 이데올로기의 신봉자들이나 무국경주의자들에 대항해서 싸워야 한다. 틀림없는 것은 이 싸움을 이끌 사람들은 세계화 이데올로기의 소비자들이 아니라는 점이다. 이 싸움을 이끌 사람들은 바로 국가적인 유산을 짊어지고 또 이를 개신시키고자 애쓰는 능동적인 시민들인 것이다. 관건이 되는 것은 이 두 가지 일을 서로 대립시키는 것이 아니라 세계화라는 문맥 속에서 프랑스라는 나라를 스스로 배반하지 않게 하면서, 그리고 스스로를 포기하지 않게 하면서 어떻게 스스로의 역사를 유지하고 개신하게 할 수 있느냐는 문제인 것이다. 그러므로 이제는 프랑스 사회와 세계화 사이의 관계라는 주제에 대해서 접근해 보도록 하자. 우선은 국가부터 시작을 할까? 행위주체로서의 국가가 아니라 한 민족의 나아갈 방향성을 창출해

내는 주체로서의 국가에 대해서 논의해 보도록 하자.

　프랑스에서는 국가라는 존재가 정치적 정체성과 국가적 통합 사이의 사회적 연결을 보장해 주는 존재이기 때문에 아주 예외적인 지위를 지니고 있다고 말할 수 있다. 이런 국가의 중심성은 결코 감정적인 것도 병리적인 것도 아니다. 프랑스에서 볼 수 있는 국가에 대한 문화의 종속성은 무엇보다도 국가가 민족보다 앞서 존재했다는 프랑스의 특별한 역사가 낳은 산물이다. 물론 바로 이런 상황에서 국가의 평가절하를 민족의 평가절하와 동일시하고, 국가적 규제의 철폐를 사회적 탈규제화의 등극과 동일시하는 현상이 나오는 것이다. 프랑스 사회는 국가와는 무관한, 독립된 원칙에 기초한 사회로 스스로를 바라보는 일을 잘하지 못한다.

　■ 그러나 구체적으로 프랑스라는 방정식에서 세계화는 어떻게 작용할까?

　세계화는 지금 프랑스의 정체성 또는 프랑스가 스스로에 대해서 갖고 있는 관념이 기초를 두고 있는 네 개의 지주를 흔들고 있는 형국이다. 세계화는 시장을 위해서 분명 국가적 규제를 축소시키는 방향으로 프랑스를 몰고 간다. 세계화는 정치적 차원보다는 문화적 차원에서 프랑스의 정체성을 재정의하도록 유도한다. 세계화는 국가적인 규제를 축소시키면서 한 민족의 사회적·문화적인 통합 메커니즘을 적나라하게 드러나게 한다. 끝으로 세계화는 프랑스라는 나라가 세계에 미치는 영향력의 형태에 있어서 상당한 변화를 이끌어 낸다. 그 영향력의 형태가 지금까지는 국가나 엘리트 지식인을 통한 것이었다면 이후로는 시장과 대중 예술을 통한 것이 될 터이다. 그러므로 세계화가 불러일으키는 기존 구조에 대한 파급 효과의 폭은 분명 큰 것이다. 그리고 관건이 되는 것은 이런 세계화의 파급 효과가 우리로 하여금 위축되게 만들 것이냐, 아니면 반대로 새로운 상황에 대한 우리들의 적응을 도출해 낼 것이냐 하는 것이다.

■ 나는 당신과의 대담의 모두(冒頭)에서부터 당신은 세계화에 대해서 우리가 그것을 피하는 태도를 가질 것이 아니라 거기에 적응하는 태도를 가져야 한다는 견해를 갖고 있다고 내 나름대로 이해했다. 이것과는 별개로 나는 당신이 '정체성의 지주(piliers identitaires)'라고 부르는 바로 그것에 대해서 말을 해주기 바란다. 프랑스식 모델에 대한 자유주의자들의 비판 중에는 정치에 있어서 국가가 지나치게 큰 비중을 차지하고 있다는 비판이 들어 있다. 당신은 이런 비판이 근거 있는 것이라고 생각하는가?

우선 우리가 알아야 될 사실은 좀 역설적으로 들리겠지만 프랑스에서 국가의 후퇴가 가장 덜 문제를 야기하는 분야가 바로 경제라는 사실이다. 물론 몇몇 경제 분야의 사유화가 여전히 사회적 저항을 야기하고 있는 것도 사실이다. 그러나 이런 사회적 저항을 야기하는 경제 분야의 사유화는 경제적인 이유에서라기보다는 조합주의나 이념적인 성격의 이유에 의해서 이루어지고 있는 것이다. 프랑스는 세계화라는 도전에 대해서 놀랄 만큼 잘 적응하고 있는 나라이다. 프랑스는 국민 일인당 수출량에 있어서 흔히 경제 대국 중 하나라고 생각하는 독일을 훨씬 능가하고 있다. 이는 프랑스가 강하고도 뿌리 깊은 보호주의적 전통을 지닌 나라라는 것을 생각할 때 결코 무시할 수 없는 사실인 것이다.

■ 내가 한 질문은 프랑스 경제의 수출 실적보다는 공공 부문의 중요성을 염두에 두고 한 질문인데…….

프랑스가 이탈리아와 함께 선진국 중 국민 총생산량에서 공공 지출이 차지하는 비중이 50퍼센트를 넘는 나라라는 것은 사실이다. 이 비율은 독일이나 41.6퍼센트에 그치는 영국보다 더 높은 것이다.[1] 프랑스는 또한 고용에 있어서 공공 부문이 차지하는 비중이 가장 높은 나라이다. 게다가 역설적으로 지난 15년간 이 비중이 오히려 증가했다. 15년 전만 해도 프랑스와 비슷한 비중을 지니고 있었던 영국은 같은 기간 동안에 그 비중이 엄청나게 감소했다.[2] 이런 사실에 대해서 흔히 받아들여지고 있는 통념과는 달리 나는 고용에 있어서 공공 부문이 차지하는 높은 비중이 그 자체로는 심각한 문제가 아니라고 생각한다. 프랑스의 국가 운영비는 그리 과도하게 많지 않다. 프랑스는 국민 총

---

1) 1997년 5월 16일자 《르 몽드》지.
2) 1997년 5월 6일자 《파이낸셜 타임스 *Financial Times*》지.

생산량에서 국가 운영비가 차지하는 비중이 유럽에서 가장 신자유주의화된 나라인 영국과 엇비슷하다. 즉 20퍼센트 미만이다. 그러므로 프랑스가 진정으로 지니고 있는 예외적인 모습은 그런 측면에 있는 것이 아니다. 그것은 바로 국가에 의해서 보장되고 있고 실업률의 증가로 분명 한층 증폭된 높은 수준의 사회보장 제도에 있다.[3] 그러므로 프랑스의 막대한 공공 지출의 원인이 되는 것은 국가의 운영보다는 주로 사회보장 제도인 것이다. 그리고 세계화는 직접적 또는 간접적으로 사회보장 제도를 문제화한다. 그렇지만 아마도 피할 수도 없고 필요 불가결한 이런 문제화가 쥐페의 계획에 대한 몇몇 비판이 그렇게 주장한 것처럼 반드시 이 사회보장 제도를 문제시하는 것은 아니다. 아무튼 우리는 사회보장 제도의 개혁이 전체적으로 그 비용을 절감시키고, 또 그 보편적인 성격을 더욱더 강화시킬 것이라고 생각하며 기대할 수 있다. 이 개혁은 당연히 몇몇 직종 분야의 특권을 포기하고 기존의 특권에 대한, 때로는 극단적일 정도로 보수적인 문화를 문제시하는 작업을 포함한다.

■ 당신은 어떤 분야들을 염두에 두고 말하는 것인가?

나는 분명하게 SNCF[4]와 RATP[5]의 특별 사회보장 제도를 염두에 두고 말한 것이다. 이 분야에서는 조합주의의 옹호를 마치 사

---

3) 1997년 5월 16일자 《르 몽드》지.
4) 프랑스 국유철도. 〔역주〕
5) 파리교통공사. 〔역주〕

회 운동인 양 말하고 있고, 이보다 한 걸음 더 나가서 그들의 파
업을 세계화에 대항한 최초의 파업이라고까지 말하고 있다!

■ 그리고 프랑스의 문화적 정체성에 관한 질문에 대해서는
어떤 답변을 하겠는가?

프랑스식 모델에서는 다양한 문화적 정체성들이 국가의 정치
적 통일을 저해하는 요소로 오랫동안 인식되어져 왔다. 1794년
프랑스 국민 의회에 제출된 가톨릭 사제 그레구아르의 보고서를
기억하는가? 그 보고서의 제목은 '방언 사용을 억제하고 프랑스
어의 사용을 보편화시켜야 하는 필요성과 그 방안' 인데 정말 멋
진 제목이다. 초등학교 운동장에서 알자스 방언[6]을 썼다고 알자
스의 초등학생을 야단치고, 또 남부 지방의 억양을 쓰는 어린이
로 하여금 표준 억양을 쓰도록 교정시켜 주던 시대는 분명히 지
나갔다. 그렇지만 그럼에도 불구하고 공화주의 모델[7]에는 여전
히 문화적이지 않고 정치적인 성격을 지닌 어떤 핵심적인 것이
존재한다. 오늘날 프랑스 국민의 정의에는 그 어떤 인종적·종
교적 기원도 포함되어 있지 않다. 프랑스식 모델은 문화적인 정
체성들을 부정하지 않는다. 단지 프랑스식 모델은 문화적인 정
체성들을 사유화하는 데에 신경 쓸 뿐이다. 게다가 일반적으로
받아들여지는 몇몇 생각들과는 반대로 이 모델은 프랑스만의 고

___

6) 프랑스 북동부 지역에서 사용되는 독일어 계통의 방언. 〔역주〕
7) 프랑스식 모델을 지칭함. 〔역주〕

유한 모델이 아니다. 미국식 모델은 아주 오랫동안 백인들에게
는 통합적인 모델이었고 동시에 흑인들에게는 분리주의적인 모
델이었다. 미국식 모델이 다문화주의적인 모델로 바뀌고 있는
것은 지극히 최근에 들어와서이다.

■ 이런 변화는 불가항력적인 것인가? 프랑스 사회는 반드
시 이런 변화에 자신이 부합되게 스스로를 만들어야 할까?

내가 보기에 하나의 모델이 지니는 힘은 불가침성에 있는 것
이 아니라 끊임없이 재교섭될 수 있는 능력에 있다. 그리고 당연
히 프랑스식 모델도 이런 원칙에서 벗어나는 것이 아니다. 그러
므로 나는 프랑스가 몇 가지 바람직스럽지 않은 점도 갖고 있지
만 분명히 장점을 지니고 있는 자신의 모델을 포기해야 하는 이
유를 모르겠다. 그렇지만 동시에 나는 우리가 추상적인 보편주
의를 계속해서 참조의 기준으로 삼을 수 있다고 생각지 않는다.
그리고 다원주의의 등극이나 정체성의 요구에 있어서의 변화를
무시할 수 있다고 생각지 않는다. 토박이 프랑스인의 정체성과
의 관계는 아시아 · 아프리카 또는 아랍 출신 프랑스인의 정체성
과의 관계와 동일하지 않다는 사실을 무시하기는 어렵다고 생각
한다. 그리고 사회적 · 문화적 불평등은 오늘날 사회적 통합을
단순히 의지의 문제로 축소시키는 것을 더 이상 가능하지 않게
만든다. 필요한 것, 그것은 특수주의를 격화하는 것이 아니고 프
랑스 국민들이 지니고 있는 다양한 여러 역사적 여정들에 대해
가치를 부여하는 것이다. 다양한 역사를 인정한다고 해서 결코

공통의 미래를 확보하지 못하는 것은 아니다. 오히려 그 반대이다. 즉 다양한 역사를 인정하는 일은 우리에게 공통의 미래를 확보할 수 있게 한다. 다른 모든 문제들의 경우에서처럼 이 문제에 관해서도 중도적인 길이 존재하지는 않는 것 같다.

■ 그 점에 관해서는 나도 당신과 같은 생각이다. 프랑스 사람들은 그들이 지니는 독특한 점들을 이용할 줄 모르고 있다. 프랑스 사람들은 그들의 가치에 문제를 제기하는 사람들에 대해 익숙하지 않고 그들처럼 생각하지 않는 사람들을 잘 이해하지 못한다. 프랑스인들은 그들의 복합적인 역사적 유산을 활용하지 못하고 그들의 정신적 가계 안에 유폐되어 있다. 당신 생각에는 이런 폐쇄성이 어떻게 해서 생겨난 것인가?

프랑스식 모델은 다양성을 한 국가의 역사적 일체성을 유지하는 데 방해가 되는 것으로 여기는 추상적 보편주의의 기반 위에서 늘 스스로를 생각해 왔다는 점에서 지금 고통을 겪고 있다. 바로 그렇기 때문에 당신이 '복합적인 역사적 유산'이라 부르는 그런 것에 대해서는 당연히 거북함을 느끼는 것이다. 특히 이 유산이 정치적이라기보다는 문화적인 것일 때에는 더욱더 그러하다. 나는 프랑스 문학이 이민에 관해서는 이제까지 훌륭한 소설을 전혀 창조하지 못했다고 하는 프랑수아 누리시에의 말에 충격을 받았다. 나는 이것이 바로 그것과 관련 있다고 생각한다. 그리고 프랑스식 모델은 특권이나 구체제(앙시앵 레짐)에 동화된 중간 집단에 대항하여 형성된 것이다.[8] 바로 이것이 프랑스에서는 개인주의와 국가주의가 서로 대립되지 않고 서로가 서로를 강화시켜 주는 이유이다. 그러므로 사회적·문화적 중재가 프랑스에서는 늘 역사적으로 미약했다. 사회적 또는 문화적 일체감이 강력한 중재에 의해서 보장되는 사회에서는——나는 이런 사회의 예로 독일 연방주의 그리고 북유럽에서 볼 수 있는 사회적 합의를 들겠다——국가적 규제의 쇠퇴가 이런 중재에 의해서 완충되어진다. 그러나 이런 중재가 미미한 프랑스에서는 국가의 비개입에 따른 충격을 완충하기가 훨씬 더 어렵다. 바로 이것이 왜 프랑스에서는 국가의 비개입이 사회적 관계에 위배가 되는 것으로 여겨지는지를 알 수 있게 해준다. 바로 그렇기 때문에 프랑스에서는 국가가 후퇴할 때 국가와 시민 사이의 맞부딪힘을 완화하기 위해서 기존의 사회적 중재를 더 강화시키고, 또 새로운 형태의 중재를 생각할 필요가 있는 것이다.

■ 그외에도 프랑스의 영향력, 프랑스의 국제 정치에 있어서의 영향력 상실이라는 문제가 있다. 당신은 "프랑스는 그 위대함을 통해서만 프랑스이다"라는 말을 아는가? 당신 생각에 오늘날 프랑스의 위대함은 과연 무엇일가?

프랑스는 경제적인 침투보다는 정치적인 영향력이 통하는 고전적인 방식으로 오랫동안 세계에 영향력을 행사해 왔다. 그 영

---

8) 피에르 로장발롱, 《프랑스에서의 국가 *L'État en France*》, 쇠이유 출판사, 파리, 1996, pp.98-99.

프랑스식 모델은
추상적인 보편주의라는
기반에서 늘 스스로를
생각해 왔다는 점에서
지금 고통을 겪고 있다.

향력은 거의 국가에 의해서만 배타적으로 행사되어서 아주 소수
의 엘리트만을 그 대상으로 삼아 왔다. 프랑스는 영향력을 행사
함에 있어서 그 역할의 실효성보다는 하나의 위치에 대한 상징
적 모색에 더 중요성을 부여했다. 다시 말해서 프랑스는 영향력
이 만들어 내는 구체적인 결과를 따지기보다는 영향을 행사하는
강대국으로서 스스로를 인정받는 것에 훨씬 더 연연해 왔다. 오
늘날 이런 전통적인 영향 행사의 모델은 점점 더 힘을 잃어가고
있다. 세계 사회의 다양성은 세계 사회들로 하여금 이런 정치 모
델에 점점 덜 매혹되게 만들고 있다. 오늘날의 영향력은 다중적
이고 훨씬 더 물 흐르듯 유연하다. 오늘날의 영향력은 비록 국가
와 엘리트가 영향력에 있어서 여전히 중요한 위치를 차지하지
만, 국가와 엘리트를 통해서보다는 시장이나 대중 예술을 통해
서 훨씬 더 많이 이루어지고 있다. 그런데 이런 세계의 영향력
모델에 있어서의 변화는 프랑스의 전통적 모델보다는 영·미식
의 모델에 더 유리하게 작용한다는 점을 강조해야만 한다. 영향
력은 이제 더 이상 수직 하향식으로 부과하듯이 행사될 수는 없
다. 영향력은 타자와의 상호 관계라는 기초하에서 이루어지는
것이다. 이런 관점에서 점유하는 위치가 중요한 것이 아니고 구
체적으로 담당하는 역할이 더 결정적인 것이다. 그러므로 이런
저런 상황 속에서 프랑스가 보여 주는, 차지하는 지위에 대한 집
착은 아마도 오늘날에는 이미 시대에 좀 뒤떨어진 것이라고 할
수 있다. 이런 심대한 변화는 프랑스의 영향력 모델에 변화가 있
기를 요청하고 있다. 왜냐하면 오늘날의 영향력은 국가의 외교
적인 행위보다는 독립적인 사회 네트워크나 문화 네트워크를 통

해서 더 많이 이루어지기 때문이다. 그러나 이는 프랑스가 자신이 지니고 있던 모든 책임들을 포기해야만 한다는 말은 결코 아니다. 여기저기에서 무슨 말을 하든간에 프랑스는 오늘날 미국의 헤게모니를 거부하고 있는 유일한 서방 국가인 것이다.

■ 정확하게 말해서 미국의 영향력은 전략적 차원, 즉 국가적 차원 그리고 경제적 차원 및 문화적 차원 등 여러 차원에서 계속적으로 행사될 것 같다.

물론 그렇다. 미국은 국가적 차원·경제적 차원·문화적 차원에서 전 세계에 그 힘을 행사하고 있다. 그리고 이 모든 차원에서 프랑스는 혼자만의 힘으로는 결코 미국과 대항할 수 없다는 것을 인정해야만 한다. 바로 그렇기 때문에 미국의 참을 수 없는 헤게모니를 억제하기 위해서는 통합된 유럽을 만들어 내야 하는 절대적인 필요성이 존재하는 것이다. 물론 이것이 쉬운 일은 아니다. 왜냐하면 첫째는 유럽의 여러 나라들이 일단 유럽을 벗어나면 서로 경쟁 상대가 되기 때문이다. 그리고 둘째는 여전히 거의 비동질적인 집단으로 머무르면서도, 예외의 원칙에 기초한 영향력 모델을 영향력 있는 더 큰 유럽의 매체로 만든다는 것은 아주 어려운 일이기 때문이다. 세계 속에서 계속 영향력을 행사하기 위해서, 그리고 이 세상 속에서 존재할 수 있기를 희망하기 위해서는 우리의 이미지대로 타자들을 만들 수 있는 것이 무엇인가를 자문하기보다는 타자들이 기대하는 것이 무엇인가를 알려고 하는 노력이 우선되어야 한다. 세계화는 가치와 이익이라는 측면에서 훨씬 더 균형잡힌 세계의 도래로 특징지어지고, 이는 한 세기 이상 전부터 세계를 지배하는 데에 익숙해져 있는 유럽의 오래된 국가들에게는 진정한 도전이 아닐 수 없다는 사실은 아무리 강조해도 지나침이 없다.

■ 어쨌든 당신은 이 도전이 세계의 현 체계에 수정을 요구한다는 것을 인정하는가?

나는 세계가 지금 변화 속에 놓여 있지만 그 변화는 대부분 정당하지 못하기 때문에 결코 만족스럽지 못한 것이라고 생각한다. 덧붙여 말하면 이 새로운 변화들은, 이런 변화를 만들기에 유리한 새로운 추상적 원칙이나 새로운 발의(發意)의 형성에 의해서 이루어지기보다는 새로운 역학 관계의 구축을 통해서 이루어지고 있다.

오늘날 세계의 변화는 정치적·전략적 차원에서는 국가에 의해서 그리고 다국적 기업이 거의 주도하고 있는 시장에 의해서 동시에 이루어지고 있다. 이 변화는 지금 네 종류의 불균형을 겪고 있다. 첫째로 예를 들어 **WTO**[9]같이 미국을 대항하여 행동할 수 있는 여지가 있음을 보여 주는 중요한 발의 주체들이 존재한다 하더라도, 이 변화는 여전히 정치적·경제적 그리고 문화적인 다양한 차원에서 미국에 의해 일방적으로 주도되고 있다. 둘째로 이런 변화는 자본의 이동 과정에서 완전히 소외되고 있는

____

9) 세계무역기구. 〔역주〕

아프리카의 경우처럼 결과적으로 사각(死角)을 만들어 낼 것이다. 셋째로 불균형은 국제적인 변화 속에서 시민 사회의 모습이 드러나는 것이 여전히 불충분하다는 사실에서 기인한다. 끝으로 이 변화는 사회적 일체성의 원칙을 점점 더 넘어서려고 하는 경향이 있는 시장 이데올로기에 의존하고 있다는 점이다. 이런 변화는 전 세계 도처에서 극단적으로 강력한 다원주의의 경향이 나타나고 있기 때문에 더욱더 불균형적인 것으로 보인다.

■ 그러므로 새로운 변화는 어떤 원리에 기초를 두어야 하겠는가?

내 생각에는 자정적(自淨的)인 성격의 시장 이데올로기가 행사하고 있는 헤게모니에 대해 문제삼는 것에 최우선을 두어야 할 것 같다. 왜냐하면 이 이데올로기는 사실 시장은 고유한 사회적 그리고 문화적인 문맥 속에서 작동하는 것이라는 기본적인 사항을 망각하고 있기 때문이다. 자유주의 이데올로기가 초월적인 시장을 통해서 보장하고자 원하는 각 개인의 독립성은 선택과 책임에 대한 생각이 쌍을 이루며 나란히 가는 그런 문화를 전제하고 있는 것이다. 또 이것은 사회의 몇몇 측면이 시장의 논리에서 벗어나 있다는 것을 또한 전제하고 있는 것이다. 그러므로 이는 극도로 유익을 줄 수 있는 시장의 역할을 문제시하는 것이 결코 아니다. 그것은 차라리 사회에 대한 시장의 헤게모니가 너무 지나치게 커지는 것을 피하려고 하는 것이다. 아시아 사람들은 바로 국가의 가치를 추락시키지 않으려는 노력을 통해서, 그리고 사회적 관계가 너무 지나친 개인주의적 역동성 안에 포함되는 것을 막기 위한 노력을 통해서 직접적 또는 간접적으로 이런 문제를 제기하고 있는 것이다.

바로 이같은 측면에서 유럽 사람들과 유럽 사상은 후퇴하고 있다. 물론 나는 시장과 사회 사이의 균형에 일반적으로 기초를 두고 있는 유럽식 모델이 오늘내일 사이에 사라져 버릴 것이라고 생각지는 않는다. 내가 걱정하는 것은 바로 신자유주의에 대항할 만한 주제에 관한 이론적인 성찰이 부족하다는 점인 것이다. 왜냐하면 무기력이 유럽식 모델의 유일한 합법적 존재 양식일 수만은 결코 없기 때문이다. 현재 신자유주의의 헤게모니에 대항하고자 하는 유일하게 심각한 사상적 조류는 영미 계통 국가에서 '공동체적 자유주의(libéral communautaire)' 흐름이라고 불리는 사상적 흐름이다.[10] 프랑스에서는 '자유주의'와 '공동체'라는 용어가 오해 살 여지를 많이 갖고 있다. 그러나 이런 이름을 떠나 이 사상적 흐름은 독일의 '시장의 사회적 이데올로기'에 의해서 표출되고 있는 관심사와 비교적 유사한 그런 관심사들을 표현하고 있다. 이 사상의 중심적인 생각은 한 사회는 각 개인들로 하여금 그들 고유의 이익을 좇도록 하는 그런 단순한 규칙들로부터 변화될 수 있는 것이 아니라, 시장에 선행하고 시장을 초월하는 가치로부터 변화될 수 있다는 것이다.[11]

---

10) 이런 사상적 흐름의 개관을 보기 위해서는 다음의 책을 참조할 것. 존 그레이(John Gray), 《마지막 경기, 최근 정치 사상의 문제들 *Endgames, Questions in Late Modern Political Thought*》, 폴리티 출판사, 1997.

11) 존 케이(John Kay), 《새로운 정치가 *New Statesman*》, 1996년 10월 7일.

■ 정치적으로 우리가 이 힘의 관계를 변화시킬 만한 운신의 폭을 가지고 있는가?

그렇다. 정치적으로 통합된 하나의 유럽을 만듦으로써 가능하다. 유럽이란 공간이 그 중의 하나가 될 '의미의 공간' 들이 나타나는 그날, 세계는 좀더 균형잡힌 모습을 보일 것이다. 이런 관점에서 유로화의 출현은 미국에 맞서고, 유럽인들에게 의미를 만들어 내는 유럽의 능력에 있어서 상당한 결과를 초래할 것이다. 유로화의 사용, 유럽식 사회모델의 재정립, 그리고 공동 외교 정책의 탐구, 이 모든 것들은 유럽이라는 '의미의 공간' 의 주춧돌들이 될 것이다. 그리고 이 공간 안에서는 조만간에 연방주의라는 문제가 제기될 것이다.

결론: 약속으로서의 세계화

결론: 약속으로서의 세계화

■ 당신은 오늘의 대담 동안 줄곧 세계화에 대한 사회적·문화적 적응이 필요하다는 것을 강조하고 있다. 그렇다면 이 세계화에 대한 적응이 성공하기 위해서는 어떻게 해야 하는가?

내가 생각하기에 세계화에 대한 집단적 적응이란 문제는 바람직한 삶의 이상과 집단적 약속을 다시 찾기 위해 목적성의 차원에서 사회가 스스로를 다시 생각할 수 있는 능력이 있느냐라는 좀더 일반적인 문제와 불가분의 관계를 맺고 있다. 오늘날 한 사회가 지향하는 의미의 지평은 극단적으로 절차적 성격을 띠고 있다.[1] 물론 신의 계시라는 관념으로부터 해방되고 사회 전 구성원들에 의한 집단적 의사 결정에 대한 참여 의지로 특징지어지는 다원적이고 성숙된 사회 속에 살면서 우리는 셀 수 없을 만큼 많은 절차적 지식들을 쌓아 가고 있다. 그러나 이런 절차적 지식이란 그 기반이 불충분하여 취약할 수밖에 없다. 절차를 특징짓는 '어떻게 하는가?' 라는 문제가 결코 '왜 하는가?' 라는 문제를 대신할 수 없기 때문이다. 오직 이성에 의해서 경험 영역의 틀을

---

1) 리샤르 퀴셀, 《프랑스의 자본주의와 국가 *Le Capitalisme et l'État en France*》, 전갈서, p.53.

만드는 것, 그것만으로는 라인하르트 코셀렉이 말하는 '기다림의 지평'을 재정립할 수 없다. 게다가 절차에 틀을 주기 위해서이성에 의존한다면 우리는 '이성적'이지 못한 모든 사람들 또는이제 더 이상 기대하는 것이 허용되지 않기 때문에 '이성적'이기를 중단한 모든 사람들을 배제하게 된다. 끝으로 극단적인 불확실성을 희망의 원리로 삼는 것도 내가 생각하기에는 별로 전망이 좋지 않다고 생각된다. 우리는 이 새로운 과제를 약속과 잘조화시킬 때에만 한 사회가 깊이 있게 변화되는 것을 기대할 수있다. 그러므로 의미의 문제가 오직 손실의 문제로만 축소되는것을 피하기 위해서는 이 적응의 과제가 상징적인 소득을 제공하도록 해야만 한다.

■ 성공적인 세계화를 지지하면서 또 이런 형태의 비판적행동을 주장하면서 당신은 단지 승리자의 관점으로만 쓰여진역사의 서술 방식을 옹호하는 것이 아닌가? 솔직히 말해서 내가 질문하고 싶은 것은 다음과 같다. 세계화를 선택하지 않은사람들은 예를 들어 적당한 시점에 수확·탈곡기를 선택하지않은 농부들처럼 역사라는 이름으로 실수를 저지른 것인가?

당신의 그 질문은 나로 하여금 19세기말 프랑스의 장관이었던쥘 멜린을 생각나게 한다. 그는 정지(停止) 경제의 신봉자였고 그후에는 프랑스식 보호주의의 아버지가 되었다. 그는 프랑스가 일종의 균형점에 도달했고 그러므로 변화하는 것이 프랑스에 유익이 없다고 생각했다. 그래서 프랑스는 '이대로가 좋다'라고 말하곤 했다. 바로 그런 이유로 그는 독일·영국·미국이 모두 뛰어든 산업화에 프랑스가 뛰어드는 것을 반대했다. 그 누구든 그 무엇에 대해서 반대할 권리는 당연히 있다. 그러나 그렇게 하면 유럽을 그만큼 만들어 내지도 못한 채 프랑스를 같은 만큼 파괴시키는 꼴이 된다. 움직이지 않는 나라는 파괴되고 만다. 그러나 나는 변화에 대한 소위 말하는 영웅적인 저항과, 변화에 대한 맹목적인 순응, 이 둘 사이의 중간적인 행동 양식이 존재한다고 생각한다.

■ 당신은 소외와 저항, 이 둘 사이의 중간적인 것을 선택하는 건가?

그 둘 사이에는 핵심적인 어떤 것이 존재한다. 즉 변화에 대한 사회의 적응, 바로 그것이다. 결국 기술과 과학의 위대한 발전은 대부분 애초의 목적에서는 다 벗어나면서 이루어진 것이다. 예를 들면 전화는 개인간의 의사소통을 편하게 하기 위해서 만들어진 것이 아니라 오페라 공연을 멀리서도 들을 수 있게 하기 위해 고안된 것이라는 사실을 아는가? 지금 인터넷을 통해서 벌어지고 있는 일들을 보라. 10년도 안 되는 짧은 기간 사이에 이 통신 수단의 의미는 심도 있게 바뀌었다. 최초에는 인터넷이 과학자들의 통신 수단으로 출발했다. 그러던 것이 지금은 모든 사회의 진정한 통신 수단이 되어가고 있고 아마도 머지않아 이것은 전자상거래망의 역할까지도 하게 될 것이라고 생각된다. 나는 세계화가 다양하게 사회적으로 사용될 수 있다면 그것에 반대할

우리가 행동할 능력을
재정립하기 위해서
사전에 반드시 필요한 것은
미래의 복권(復權)이라고
생각한다.

이유가 없다고 생각한다. 인터넷을 거부하는 것, 그것은 엄청난 문화적 전락에 노출되는 것을 상징한다. 그리고 그것은 최초에 의도한 바와는 정반대의 결과에 이르는 것이다. '안티 미국주의'라는 이름으로 인터넷을 거부하는 것은 결국 첨단 기술 분야에 있어서의 미국의 헤게모니를 그대로 받아들이는 것이 된다. 우리는 이 분야가 전적으로 미국에 의해서 지배되는 것을 바라지 않는다면 이런 기술들을 거부하지 않아야 한다. 오히려 반대로 그 기술들에 적응해야 한다. 그렇지만 이와 아울러 나는 인터넷에 관한 폴 비릴리오의 분석에 전적으로 동의한다. 즉 인터넷에서 새로운 사회적 관계와 사회성의 새로운 경계, 그리고 사회적 중재를 없애 버릴 수 있는 기구를 보고자 하는 커뮤니케이션의 환상을 거부하는 것은 지극히 바람직하고 정당하다고 생각된다.

■ 당신은 방금 전에 약속에 대해서 말했다. 그 약속의 구체적인 내용을 말해 주겠는가?

그것은 한나 아렌트의 생각이다. 그녀에 의하면 합의된 그림에 의해서 묶인 사람들은 그 어떤 약속이나 그림에 얽매이지 않고 완전히 자유로운 사람들에 비해 결정적인 우월감을 갖고 있다.[2] 왜냐하면 합의된 그림에 의해서 결속된 사람들은 현재처럼 미래를 지니게 되고, 그럼으로써 현실을 확대하는 능력을 지니게 되

---

2) 한나 아렌트, 《현대 인간의 조건 *La Condition de l'homme moderne*》, 포켓 출판사, 파리, 1994, p.311.

기 때문이다. 바로 오늘 우리에게 결핍되어 있고 속박이라는 종교가 우리에게 극히 빈곤하게 보여 주는 것이 바로 이 능력이다. 약속의 의미를 복원하기 위해서 우리가 조여야 할 필요가 있는 것은 바로 이 바이스인 것이다. 우리가 행동할 능력을 재정립하기 위해서는 사전에 반드시 필요한 것이 미래를 복권시키는 일이라고 생각한다.

■ 이 도덕적인 자세와 집단적인 행위를 어떻게 서로 조화를 이루게 할 수 있겠는가?

목적성에 대한 논의를 재개하기 위해서는 아마도 절차적 사회의 기존 지식을 사용해야 할 것 같다. 왜냐하면 이제 무거운 목적론과 우리가 다시 결연(結緣)할 여지는 없다 하더라도 집단적 관계의 미래와 의미에 대해서 집요하게 자문하는 것은 결코 의미 없는 일이 아니라고 생각되기 때문이다. 게다가 내가 작금에 벌어지고 있는 논의들을 통해서 깨닫게 되는 것은 결국에는 우리에게 제기될 수밖에 없는 목적성에 대한 논의로부터 우리가 점점 더 벗어나기 어려워질 것이라는 점이다. 노동 시간 축소 문제를 예로 들겠다. 노동 시간 축소는 우리로 하여금 노동 외 다른 행위를 할 수 있는 시간을 갖게 해줄 것이다. 그러나 바로 이 점에서 문제가 제기된다. 각 개인을 그의 능력, 좀더 정확히 말하자면 상업적인 가치를 창출해 내는 능력에 의해서만 평가하는 사회에서 비상업적인 행위들이 어떻게 발전되고 가치를 부여받을 수 있겠는가라는 문제가 제기될 수 있다. 여기에는 내 생각에 근본적인 모순이 있고, 이 모순은 사회적 관계의 목적성과 의미에 대한 성찰을 통해서만 극복될 수 있다.

■ 그러나 이 약속에 우리가 어떤 내용을 줄 수 있는가? 그리고 대답의 맨 처음 주제로 다시 돌아가자면, 우리가 어떻게 실수 없이 미래에 대해서 내기를 걸 수 있을까?

한나 아렌트의 이야기로 다시 돌아가겠다. 그녀는 우리가 모든 미래를 떠맡겠다고 한다면 전체주의적인 사회에 봉착하게 될 것이라는 사실을 상기시켜 준다. 내 생각에 이 점에 관해서는 모든 사람들이 동의하고 있는 것 같다. 열린 사회가 갖고 있는 장점들은 이제 더 이상 증명할 필요가 없다. 관건은 미래를 전부 떠맡는 것을 거부하면서 어떻게 우리가 합의된 그림을 그리는 법을 배울 것이냐 하는 것이다. 바로 이 점에서 한나 아렌트는 내가 보기에 독창적인 생각을 지니고 있다. 그녀는 '확실한 표지'와 '안전한 작은 섬'이란 말을 한다. 여기서 단어의 선택이 아주 중요한 의미를 지닌다. '표지'와 '작은 섬'이라는 표현을 사용함으로써 그녀는 우리에게 삶의 근본적인 불연속성과 불확실성을 잘 인식할 것을 요청한다. 그러나 그녀는 그렇게 함으로써 열린 사회가 우리로 하여금 계속적으로 희망을 가질 수 있는 장소를 제공할 필요성을 강조한다. 새로운 '확실한 표지'를 세우고 '안전한 작은 섬'을 지키는 것, 그것이 바로 세계화에 의미를 부여하기 위해서, 그리고 그것을 새로운 약속으로 만들기 위해서 우리가 해야 할 일인 것이다.

김종명
서울대학교 불어불문학과 졸업
캐나다 몬트리올 퀘벡대학교에서 언어학으로 박사학위 수여
현재 이화여자대학교 불어불문학과 연구교수로 재직중
역서:《레바논》(창해),《미국식 사회모델》(동문선) 등

현대신서
168

세계화의 불안

초판발행 : 2004년 4월 20일

지은이 : 자키 라이디
옮긴이 : 김종명
총편집 : 韓仁淑
펴낸곳 : 東文選
제10-64호, 78. 12. 16 등록
110-300 서울 종로구 관훈동 74
전화 : 737-2795

편집설계 : 李姃롱 李惠允

ISBN 89-8038-480-7 94300
ISBN 89-8038-050-X (현대신서)

【東文選 現代新書】

1 21세기를 위한 새로운 엘리트	FORESEEN 연구소 / 김경현	7,000원
2 의지, 의무, 자유 — 주제별 논술	L. 밀러 / 이대희	6,000원
3 사유의 패배	A. 핑켈크로트 / 주태환	7,000원
4 문학이론	J. 컬러 / 이은경 · 임옥희	7,000원
5 불교란 무엇인가	D. 키언 / 고길환	6,000원
6 유대교란 무엇인가	N. 솔로몬 / 최창모	6,000원
7 20세기 프랑스철학	E. 매슈스 / 김종갑	8,000원
8 강의에 대한 강의	P. 부르디외 / 현택수	6,000원
9 텔레비전에 대하여	P. 부르디외 / 현택수	7,000원
10 고고학이란 무엇인가	P. 반 / 박범수	8,000원
11 우리는 무엇을 아는가	T. 나겔 / 오영미	5,000원
12 에쁘롱 — 니체의 문체들	J. 데리다 / 김다은	7,000원
13 히스테리 사례분석	S. 프로이트 / 태혜숙	7,000원
14 사랑의 지혜	A. 핑켈크로트 / 권유현	6,000원
15 일반미학	R. 카이유와 / 이경자	6,000원
16 본다는 것의 의미	J. 버거 / 박범수	10,000원
17 일본영화사	M. 테시에 / 최은미	7,000원
18 청소년을 위한 철학교실	A. 자카르 / 장혜영	7,000원
19 미술사학 입문	M. 포인턴 / 박범수	8,000원
20 클래식	M. 비어드 · J. 헨더슨 / 박범수	6,000원
21 정치란 무엇인가	K. 미노그 / 이정철	6,000원
22 이미지의 폭력	O. 몽젱 / 이은민	8,000원
23 청소년을 위한 경제학교실	J. C. 드루엥 / 조은미	6,000원
24 순진함의 유혹 〔메디시스賞 수상작〕 P. 브뤼크네르 / 김웅권	9,000원
25 청소년을 위한 이야기 경제학	A. 푸르상 / 이은민	8,000원
26 부르디외 사회학 입문	P. 보네위츠 / 문경자	7,000원
27 돈은 하늘에서 떨어지지 않는다	K. 아른트 / 유영미	6,000원
28 상상력의 세계사	R. 보이아 / 김웅권	9,000원
29 지식을 교환하는 새로운 기술	A. 벵토릴라 外 / 김혜경	6,000원
30 니체 읽기	R. 비어즈워스 / 김웅권	6,000원
31 노동, 교환, 기술 — 주제별 논술	B. 데코사 / 신은영	6,000원
32 미국만들기	R. 로티 / 임옥희	10,000원
33 연극의 이해	A. 쿠프리 / 장혜영	8,000원
34 라틴문학의 이해	J. 가야르 / 김교신	8,000원
35 여성적 가치의 선택	FORESEEN연구소 / 문신원	7,000원
36 동양과 서양 사이	L. 이리가라이 / 이은민	7,000원
37 영화와 문학	R. 리처드슨 / 이형식	8,000원
38 분류하기의 유혹 — 생각하기와 조직하기 G. 비뇨 / 임기대	7,000원
39 사실주의 문학의 이해	G. 라루 / 조성애	8,000원
40 윤리학 — 악에 대한 의식에 관하여 A. 바디우 / 이종영	7,000원
41 흙과 재 〔소설〕	A. 라히미 / 김주경	6,000원

42 진보의 미래	D. 르쿠르 / 김영선	6,000원
43 중세에 살기	J. 르 고프 外 / 최애리	8,000원
44 쾌락의 횡포·상	J. C. 기유보 / 김웅권	10,000원
45 쾌락의 횡포·하	J. C. 기유보 / 김웅권	10,000원
46 운디네와 지식의 불	B. 데스파냐 / 김웅권	8,000원
47 이성의 한가운데에서 — 이성과 신앙	A. 퀴노 / 최은영	6,000원
48 도덕적 명령	FORESEEN 연구소 / 우강택	6,000원
49 망각의 형태	M. 오제 / 김수경	6,000원
50 느리게 산다는 것의 의미·1	P. 쌍소 / 김주경	7,000원
51 나만의 자유를 찾아서	C. 토마스 / 문신원	6,000원
52 음악적 삶의 의미	M. 존스 / 송인영	근간
53 나의 철학 유언	J. 기통 / 권유현	8,000원
54 타르튀프 / 서민귀족 〔희곡〕	몰리에르 / 덕성여대극예술비교연구회	8,000원
55 판타지 공장	A. 플라워즈 / 박범수	10,000원
56 홍수·상 〔완역판〕	J. M. G. 르 클레지오 / 신미경	8,000원
57 홍수·하 〔완역판〕	J. M. G. 르 클레지오 / 신미경	8,000원
58 일신교 — 성경과 철학자들	E. 오르티그 / 전광호	6,000원
59 프랑스 시의 이해	A. 바이양 / 김다은·이혜지	8,000원
60 종교철학	J. P. 힉 / 김희수	10,000원
61 고요함의 폭력	V. 포레스테 / 박은영	8,000원
62 고대 그리스의 시민	C. 모세 / 김덕희	7,000원
63 미학개론 — 예술철학입문	A. 셰퍼드 / 유호전	10,000원
64 논증 — 담화에서 사고까지	G. 비뇨 / 임기대	6,000원
65 역사 — 성찰된 시간	F. 도스 / 김미겸	7,000원
66 비교문학개요	F. 클로동·K. 아다-보트링 / 김정란	8,000원
67 남성지배	P. 부르디외 / 김용숙	개정판 10,000원
68 호모사피언스에서 인터렉티브인간으로	FORESEEN 연구소 / 공나리	8,000원
69 상투어 — 언어·담론·사회	R. 아모시·A. H. 피에로 / 조성애	9,000원
70 우주론이란 무엇인가	P. 코올즈 / 송형석	8,000원
71 푸코 읽기	P. 빌루에 / 나길래	8,000원
72 문학논술	J. 파프·D. 로쉬 / 권종분	8,000원
73 한국전통예술개론	沈雨晟	10,000원
74 시학 — 문학 형식 일반론 입문	D. 퐁텐 / 이용주	8,000원
75 진리의 길	A. 보다르 / 김승철·최정아	9,000원
76 동물성 — 인간의 위상에 관하여	D. 르스텔 / 김승철	6,000원
77 랑가쥬 이론 서설	L. 옐름슬레우 / 김용숙·김혜련	10,000원
78 잔혹성의 미학	F. 토넬리 / 박형섭	9,000원
79 문학 텍스트의 정신분석	M. J. 벨멩-노엘 / 심재중·최애영	9,000원
80 무관심의 절정	J. 보드리야르 / 이은민	8,000원
81 영원한 황홀	P. 브뤼크네르 / 김웅권	9,000원
82 노동의 종말에 반하여	D. 슈나페르 / 김교신	6,000원
83 프랑스영화사	J. -P. 장콜라 / 김혜련	8,000원

84	조와(弔蛙)	金敎臣 / 노치준·민혜숙	8,000원
85	역사적 관점에서 본 시네마	J. -L. 뢰트라 / 곽노경	8,000원
86	욕망에 대하여	M. 슈벨 / 서민원	8,000원
87	산다는 것의 의미·1—여분의 행복	P. 쌍소 / 김주경	7,000원
88	철학 연습	M. 아롱델-로오 / 최은영	8,000원
89	삶의 기쁨들	D. 노게 / 이은민	6,000원
90	이탈리아영화사	L. 스키파노 / 이주현	8,000원
91	한국문화론	趙興胤	10,000원
92	현대연극미학	M. -A. 샤르보니에 / 홍지화	8,000원
93	느리게 산다는 것의 의미·2	P. 쌍소 / 김주경	7,000원
94	진정한 모럴은 모럴을 비웃는다	A. 에슈고엔 / 김웅권	8,000원
95	한국종교문화론	趙興胤	10,000원
96	근원적 열정	L. 이리가라이 / 박정오	9,000원
97	라캉, 주체 개념의 형성	B. 오질비 / 김 석	9,000원
98	미국식 사회 모델	J. 바이스 / 김종명	7,000원
99	소쉬르와 언어과학	P. 가데 / 김용숙·임정혜	10,000원
100	철학적 기본 개념	R. 페르버 / 조국현	8,000원
101	맞불	P. 부르디외 / 현택수	10,000원
102	글렌 굴드, 피아노 솔로	M. 슈나이더 / 이창실	7,000원
103	문학비평에서의 실험	C. S. 루이스 / 허 종	8,000원
104	코뿔소 〔희곡〕	E. 이오네스코 / 박형섭	8,000원
105	지각—감각에 관하여	R. 바르바라 / 공정아	7,000원
106	철학이란 무엇인가	E. 크레이그 / 최생열	8,000원
107	경제, 거대한 사탄인가?	P. -N. 지로 / 김교신	7,000원
108	딸에게 들려 주는 작은 철학	R. 시몬 셰퍼 / 안상원	7,000원
109	도덕에 관한 에세이	C. 로슈·J. -J. 바레르 / 고수현	6,000원
110	프랑스 고전비극	B. 클레망 / 송민숙	8,000원
111	고전수사학	G. 위딩 / 박성철	10,000원
112	유토피아	T. 파코 / 조성애	7,000원
113	쥐비알	A. 자르댕 / 김남주	7,000원
114	증오의 모호한 대상	J. 아순 / 김승철	8,000원
115	개인—주체철학에 대한 고찰	A. 르노 / 장정아	7,000원
116	이슬람이란 무엇인가	M. 루스벤 / 최생열	8,000원
117	테러리즘의 정신	J. 보드리야르 / 배영달	8,000원
118	역사란 무엇인가	존 H. 아널드 / 최생열	8,000원
119	느리게 산다는 것의 의미·3	P. 쌍소 / 김주경	7,000원
120	문학과 정치 사상	P. 페티티에 / 이종민	8,000원
121	가장 아름다운 하나님 이야기	A. 보테르 外 / 주태환	8,000원
122	시민 교육	P. 카니베즈 / 박주원	9,000원
123	스페인영화사	J.- C. 스갱 / 정동섭	8,000원
124	인터넷상에서—행동하는 지성	H. L. 드레퓌스 / 정혜욱	9,000원
125	내 몸의 신비—세상에서 가장 큰 기적	A. 지오르당 / 이규식	7,000원

126 세 가지 생태학 F. 가타리 / 윤수종 8,000원
127 모리스 블랑쇼에 대하여 E. 레비나스 / 박규현 9,000원
128 위뷔 왕 〔희곡〕 A. 자리 / 박형섭 8,000원
129 번영의 비참 P. 브뤼크네르 / 이창실 8,000원
130 무사도란 무엇인가 新渡戶稻造 / 沈雨晟 7,000원
131 천 개의 집 〔소설〕 A. 라히미 / 김주경 근간
132 문학은 무슨 소용이 있는가? D. 살나브 / 김교신 7,000원
133 종교에 대하여―행동하는 지성 존 D. 카푸토 / 최생열 9,000원
134 노동사회학 M. 스트루방 / 박주원 8,000원
135 맞불·2 P. 부르디외 / 김교신 10,000원
136 믿음에 대하여―행동하는 지성 S. 지제크 / 최생열 9,000원
137 법, 정의, 국가 A. 기그 / 민혜숙 8,000원
138 인식, 상상력, 예술 E. 아카마츄 / 최돈호 근간
139 위기의 대학 ARESER / 김교신 10,000원
140 카오스모제 F. 가타리 / 윤수종 10,000원
141 코란이란 무엇인가 M. 쿡 / 이강훈 9,000원
142 신학이란 무엇인가 D. 포드 / 강혜원·노치준 9,000원
143 누보 로망, 누보 시네마 C. 뮈르시아 / 이창실 8,000원
144 지능이란 무엇인가 I. J. 디어리 / 송형석 근간
145 죽음―유한성에 관하여 F. 다스튀르 / 나길래 8,000원
146 철학에 입문하기 Y. 카탱 / 박선주 8,000원
147 지옥의 힘 J. 보드리야르 / 배영달 8,000원
148 철학 기초 강의 F. 로피 / 공나리 8,000원
149 시네마토그래프에 대한 단상 R. 브레송 / 오일환·김경온 9,000원
150 성서란 무엇인가 J. 리치스 / 최생열 근간
151 프랑스 문학사회학 신미경 8,000원
152 잡사와 문학 F. 에브라르 / 최정아 근간
153 세계의 폭력 J. 보드리야르·E. 모랭 / 배영달 9,000원
154 잠수복과 나비 J. -D. 보비 / 양영란 6,000원
155 고전 할리우드 영화 자클린 나카시 / 최은영 근간
156 마지막 말, 마지막 미소 B. 드 카스텔바자크 / 김승철·장정아 근간
157 몸의 시학 J. 피죠 / 김선미 근간
158 철학의 기원에 대하여 C. 콜로베르 / 김정란 근간
159 지혜에 대한 숙고 J. -M. 베스니에르 / 곽노경 근간
160 자연주의 미학과 시학 조성애 근간
161 소설 분석―현대적 방법론과 기법 B. 발레트 / 조성애 근간
162 사회학이란 무엇인가 S. 브루스 / 김경안 근간
163 인도철학입문 S. 헤밀턴 / 고길환 근간
164 심리학이란 무엇인가 G. 버틀러·F. 맥마누스 / 이재현 근간
165 발자크 비평 J. 줄레즈 / 이정민 근간
166 결별을 위하여 G. 마츠네프 / 권은희·최은희 근간
167 인류학이란 무엇인가 J. 모나건 外 / 김경안 근간

168 세계화의 불안　　　　　　　　Z. 라이디 / 김종명　　　　　　8,000원
169 음악이란 무엇인가　　　　　　N. 쿡 / 장호연　　　　　　　　근간
170 사랑과 우연의 장난 〔희곡〕　　마리보 / 박형섭　　　　　　　근간
171 사진의 이해　　　　　　　　　G. 보레 / 박은영　　　　　　　근간
172 현대인의 사랑과 성　　　　　　현택수　　　　　　　　　　　9,000원
173 성해방은 진행중인가?　　　　　M. 이아퀴브 / 권은희　　　　　근간
300 아이들에게 설명하는 이혼　　　P. 루카스·S. 르로이 / 이은민　근간
301 아이들에게 들려 주는 인도주의　　J. 마무 / 이은민　　　　　　근간
302 아이들에게 들려 주는 죽음　　E. 위스망 페렝 / 김미정　　　　근간

【東文選 文藝新書】
1 저주받은 詩人들　　　　　　　　A. 뻬이르 / 최수철·김종호　　개정근간
2 민속문화론서설　　　　　　　　　沈雨晟　　　　　　　　　　　40,000원
3 인형극의 기술　　　　　　　　　A. 훼도토프 / 沈雨晟　　　　　8,000원
4 전위연극론　　　　　　　　　　　J. 로스 에반스 / 沈雨晟　　　12,000원
5 남사당패연구　　　　　　　　　　沈雨晟　　　　　　　　　　　19,000원
6 현대영미희곡선(전4권)　　　　　N. 코워드 外 / 李辰洙　　　　절판
7 행위예술　　　　　　　　　　　　L. 골드버그 / 沈雨晟　　　　　절판
8 문예미학　　　　　　　　　　　　蔡 儀 / 姜慶鎬　　　　　　　절판
9 神의 起源　　　　　　　　　　　何 新 / 洪 熹　　　　　　　16,000원
10 중국예술정신　　　　　　　　　徐復觀 / 權德周 外　　　　　24,000원
11 中國古代書史　　　　　　　　　錢存訓 / 金允子　　　　　　　14,000원
12 이미지 — 시각과 미디어　　　　J. 버거 / 편집부　　　　　　　12,000원
13 연극의 역사　　　　　　　　　　P. 하트놀 / 沈雨晟　　　　　　절판
14 詩 論　　　　　　　　　　　　　朱光潛 / 鄭相泓　　　　　　　22,000원
15 탄트라　　　　　　　　　　　　A. 무케르지 / 金龜山　　　　　16,000원
16 조선민족무용기본　　　　　　　최승희　　　　　　　　　　　15,000원
17 몽고문화사　　　　　　　　　　D. 마이달 / 金龜山　　　　　　8,000원
18 신화 미술 제사　　　　　　　　張光直 / 李 徹　　　　　　　10,000원
19 아시아 무용의 인류학　　　　　宮尾慈良 / 沈雨晟　　　　　　20,000원
20 아시아 민족음악순례　　　　　　藤井知昭 / 沈雨晟　　　　　　5,000원
21 華夏美學　　　　　　　　　　　李澤厚 / 權 瑚　　　　　　　15,000원
22 道　　　　　　　　　　　　　　張立文 / 權 瑚　　　　　　　18,000원
23 朝鮮의 占卜과 豫言　　　　　　村山智順 / 金禧慶　　　　　　15,000원
24 원시미술　　　　　　　　　　　L. 아담 / 金仁煥　　　　　　　16,000원
25 朝鮮民俗誌　　　　　　　　　　秋葉隆 / 沈雨晟　　　　　　　12,000원
26 神話의 이미지　　　　　　　　　J. 캠벨 / 扈承喜　　　　　　　근간
27 原始佛教　　　　　　　　　　　中村元 / 鄭泰爀　　　　　　　8,000원
28 朝鮮女俗考　　　　　　　　　　李能和 / 金尙憶　　　　　　　24,000원
29 朝鮮解語花史(조선기생사)　　　李能和 / 李在崑　　　　　　　25,000원
30 조선창극사　　　　　　　　　　鄭魯湜　　　　　　　　　　　17,000원
31 동양회화미학　　　　　　　　　崔炳植　　　　　　　　　　　18,000원

32	性과 결혼의 민족학	和田正平 / 沈雨晟	9,000원
33	農漁俗談辭典	宋在璇	12,000원
34	朝鮮의 鬼神	村山智順 / 金禧慶	12,000원
35	道敎와 中國文化	葛兆光 / 沈揆昊	15,000원
36	禪宗과 中國文化	葛兆光 / 鄭相泓 · 任炳權	8,000원
37	오페라의 역사	L. 오레이 / 류연희	절판
38	인도종교미술	A. 무케르지 / 崔炳植	14,000원
39	힌두교의 그림언어	안넬리제 外 / 全在星	9,000원
40	중국고대사회	許進雄 / 洪 熹	30,000원
41	중국문화개론	李宗桂 / 李宰碩	23,000원
42	龍鳳文化源流	王大有 / 林東錫	25,000원
43	甲骨學通論	王宇信 / 李宰碩	40,000원
44	朝鮮巫俗考	李能和 / 李在崑	20,000원
45	미술과 페미니즘	N. 부루드 外 / 扈承喜	9,000원
46	아프리카미술	P. 윌레뜨 / 崔炳植	절판
47	美의 歷程	李澤厚 / 尹壽榮	28,000원
48	曼茶羅의 神들	立川武藏 / 金龜山	19,000원
49	朝鮮歲時記	洪錫謨 外/李錫浩	30,000원
50	하 상	蘇曉康 外 / 洪 熹	절판
51	武藝圖譜通志 實技解題	正 祖 / 沈雨晟 · 金光錫	15,000원
52	古文字學첫걸음	李學勤 / 河永三	14,000원
53	體育美學	胡小明 / 閔永淑	10,000원
54	아시아 美術의 再發見	崔炳植	9,000원
55	曆과 占의 科學	永田久 / 沈雨晟	8,000원
56	中國小學史	胡奇光 / 李宰碩	20,000원
57	中國甲骨學史	吳浩坤 外 / 梁東淑	35,000원
58	꿈의 철학	劉文英 / 河永三	22,000원
59	女神들의 인도	立川武藏 / 金龜山	19,000원
60	性의 역사	J. L. 플랑드렝 / 편집부	18,000원
61	쉬르섹슈얼리티	W. 챠드윅 / 편집부	10,000원
62	여성속담사전	宋在璇	18,000원
63	박재서희곡선	朴栽緒	10,000원
64	東北民族源流	孫進己 / 林東錫	13,000원
65	朝鮮巫俗의 研究(상 · 하)	赤松智城 · 秋葉隆 / 沈雨晟	28,000원
66	中國文學 속의 孤獨感	斯波六郞 / 尹壽榮	8,000원
67	한국사회주의 연극운동사	李康列	8,000원
68	스포츠인류학	K. 블랑챠드 外 / 박기동 外	12,000원
69	리조복식도감	리팔찬	20,000원
70	娼 婦	A. 꼬르벵 / 李宗旼	22,000원
71	조선민요연구	高晶玉	30,000원
72	楚文化史	張正明 / 南宗鎭	26,000원
73	시간, 욕망, 그리고 공포	A. 코르뱅 / 변기찬	18,000원

74	本國劍	金光錫	40,000원
75	노트와 반노트	E. 이오네스코 / 박형섭	20,000원
76	朝鮮美術史研究	尹喜淳	7,000원
77	拳法要訣	金光錫	30,000원
78	艸衣選集	艸衣意恂 / 林鍾旭	20,000원
79	漢語音韻學講義	董少文 / 林東錫	10,000원
80	이오네스코 연극미학	C. 위베르 / 박형섭	9,000원
81	중국문자훈고학사전	全廣鎭 편역	23,000원
82	상말속담사전	宋在璇	10,000원
83	書法論叢	沈尹默 / 郭魯鳳	16,000원
84	침실의 문화사	P. 디비 / 편집부	9,000원
85	禮의 精神	柳 肅 / 洪 熹	20,000원
86	조선공예개관	沈雨晟 편역	30,000원
87	性愛의 社會史	J. 솔레 / 李宗旼	18,000원
88	러시아미술사	A. I. 조토프 / 이건수	22,000원
89	中國書藝論文選	郭魯鳳 選譯	25,000원
90	朝鮮美術史	關野貞 / 沈雨晟	30,000원
91	美術版 탄트라	P. 로슨 / 편집부	8,000원
92	군달리니	A. 무케르지 / 편집부	9,000원
93	카마수트라	바짜야나 / 鄭泰爀	18,000원
94	중국언어학총론	J. 노먼 / 全廣鎭	28,000원
95	運氣學說	任應秋 / 李宰碩	15,000원
96	동물속담사전	宋在璇	20,000원
97	자본주의의 아비투스	P. 부르디외 / 최종철	10,000원
98	宗敎學入門	F. 막스 뮐러 / 金龜山	10,000원
99	변 화	P. 바츨라빅크 外 / 박인철	10,000원
100	우리나라 민속놀이	沈雨晟	15,000원
101	歌訣(중국역대명언경구집)	李宰碩 편역	20,000원
102	아니마와 아니무스	A. 융 / 박해순	8,000원
103	나, 너, 우리	L. 이리가라이 / 박정오	12,000원
104	베케트연극론	M. 푸크레 / 박형섭	8,000원
105	포르노그래피	A. 드워킨 / 유혜련	12,000원
106	셸 링	M. 하이데거 / 최상욱	12,000원
107	프랑수아 비용	宋 勉	18,000원
108	중국서예 80제	郭魯鳳 편역	16,000원
109	性과 미디어	W. B. 키 / 박해순	12,000원
110	中國正史朝鮮列國傳(전2권)	金聲九 편역	120,000원
111	질병의 기원	T. 매큐언 / 서 일 · 박종연	12,000원
112	과학과 젠더	E. F. 켈러 / 민경숙 · 이현주	10,000원
113	물질문명 · 경제 · 자본주의	F. 브로델 / 이문숙 外	절판
114	이탈리아인 태고의 지혜	G. 비코 / 李源斗	8,000원
115	中國武俠史	陳 山 / 姜鳳求	18,000원

116 공포의 권력   J. 크리스테바 / 서민원   23,000원
117 주색잡기속담사전   宋在璇   15,000원
118 죽음 앞에 선 인간(상·하)   P. 아리에스 / 劉仙子   각권 8,000원
119 철학에 대하여   L. 알튀세르 / 서관모·백승욱   12,000원
120 다른 곳   J. 데리다 / 김다은·이혜지   10,000원
121 문학비평방법론   D. 베르제 外 / 민혜숙   12,000원
122 자기의 테크놀로지   M. 푸코 / 이희원   16,000원
123 새로운 학문   G. 비코 / 李源斗   22,000원
124 천재와 광기   P. 브르노 / 김웅권   13,000원
125 중국은사문화   馬 華·陳正宏 / 강경범·천현경   12,000원
126 푸코와 페미니즘   C. 라마자노글루 外 / 최 영 外   16,000원
127 역사주의   P. 해밀턴 / 임옥희   12,000원
128 中國書藝美學   宋 民 / 郭魯鳳   16,000원
129 죽음의 역사   P. 아리에스 / 이종민   18,000원
130 돈속담사전   宋在璇 편   15,000원
131 동양극장과 연극인들   김영무   15,000원
132 生育神과 性巫術   宋兆麟 / 洪 熹   20,000원
133 미학의 핵심   M. M. 이턴 / 유호전   20,000원
134 전사와 농민   J. 뒤비 / 최생열   18,000원
135 여성의 상태   N. 에니크 / 서민원   22,000원
136 중세의 지식인들   J. 르 고프 / 최애리   18,000원
137 구조주의의 역사(전4권)   F. 도스 / 김웅권 外   Ⅰ·Ⅱ·Ⅳ 15,000원 / Ⅲ 18,000원
138 글쓰기의 문제해결전략   L. 플라워 / 원진숙·황정현   20,000원
139 음식속담사전   宋在璇 편   16,000원
140 고전수필개론   權 瑚   16,000원
141 예술의 규칙   P. 부르디외 / 하태환   23,000원
142 "사회를 보호해야 한다"   M. 푸코 / 박정자   20,000원
143 페미니즘사전   L. 터틀 / 호승희·유혜련   26,000원
144 여성심벌사전   B. G. 워커 / 정소영   근간
145 모데르니테 모데르니테   H. 메쇼닉 / 김다은   20,000원
146 눈물의 역사   A. 뱅상뷔포 / 이자경   18,000원
147 모더니티입문   H. 르페브르 / 이종민   24,000원
148 재생산   P. 부르디외 / 이상호   23,000원
149 종교철학의 핵심   W. J. 웨인라이트 / 김희수   18,000원
150 기호와 몽상   A. 시몽 / 박형섭   22,000원
151 융분석비평사전   A. 새뮤얼 外 / 민혜숙   16,000원
152 운보 김기창 예술론연구   최병식   14,000원
153 시적 언어의 혁명   J. 크리스테바 / 김인환   20,000원
154 예술의 위기   Y. 미쇼 / 하태환   15,000원
155 프랑스사회사   G. 뒤프 / 박 단   16,000원
156 중국문예심리학사   劉偉林 / 沈揆昊   30,000원
157 무지카 프라티카   M. 캐넌 / 김혜중   25,000원

158 불교산책	鄭泰爀	20,000원
159 인간과 죽음	E. 모랭 / 김명숙	23,000원
160 地中海(전5권)	F. 브로델 / 李宗旼	근간
161 漢語文字學史	黃德實·陳秉新 / 河永三	24,000원
162 글쓰기와 차이	J. 데리다 / 남수인	28,000원
163 朝鮮神事誌	李能和 / 李在崑	근간
164 영국제국주의	S. C. 스미스 / 이태숙·김종원	16,000원
165 영화서술학	A. 고드로·F. 조스트 / 송지연	17,000원
166 美學辭典	사사키 겡이치 / 민주식	22,000원
167 하나이지 않은 성	L. 이리가라이 / 이은민	18,000원
168 中國歷代書論	郭魯鳳 譯註	25,000원
169 요가수트라	鄭泰爀	15,000원
170 비정상인들	M. 푸코 / 박정자	25,000원
171 미친 진실	J. 크리스테바 外 / 서민원	25,000원
172 디스탱숑(상·하)	P. 부르디외 / 이종민	근간
173 세계의 비참(전3권)	P. 부르디외 外 / 김주경	각권 26,000원
174 수묵의 사상과 역사	崔炳植	근간
175 파스칼적 명상	P. 부르디외 / 김웅권	22,000원
176 지방의 계몽주의	D. 로슈 / 주명철	30,000원
177 이혼의 역사	R. 필립스 / 박범수	25,000원
178 사랑의 단상	R. 바르트 / 김희영	근간
179 中國書藝理論體系	熊秉明 / 郭魯鳳	23,000원
180 미술시장과 경영	崔炳植	16,000원
181 카프카 — 소수적인 문학을 위하여	G. 들뢰즈·F. 가타리 / 이진경	13,000원
182 이미지의 힘 — 영상과 섹슈얼리티	A. 쿤 / 이형식	13,000원
183 공간의 시학	G. 바슐라르 / 곽광수	23,000원
184 랑데부 — 이미지와의 만남	J. 버거 / 임옥희·이은경	18,000원
185 푸코와 문학 — 글쓰기의 계보학을 향하여	S. 듀링 / 오경심·홍유미	26,000원
186 각색, 연극에서 영화로	A. 엘보 / 이선형	16,000원
187 폭력과 여성들	C. 도펭 外 / 이은민	18,000원
188 하드 바디 — 할리우드 영화에 나타난 남성성	S. 제퍼드 / 이형식	18,000원
189 영화의 환상성	J. -L. 뢰트라 / 김경온·오일환	18,000원
190 번역과 제국	D. 로빈슨 / 정혜욱	16,000원
191 그라마톨로지에 대하여	J. 데리다 / 김웅권	35,000원
192 보건 유토피아	R. 브로만 外 / 서민원	20,000원
193 현대의 신화	R. 바르트 / 이화여대기호학연구소	20,000원
194 중국회화백문백답	郭魯鳳	근간
195 고서화감정개론	徐邦達 / 郭魯鳳	근간
196 상상의 박물관	A. 말로 / 김웅권	26,000원
197 부빈의 일요일	J. 뒤비 / 최생열	22,000원
198 아인슈타인의 최대 실수	D. 골드스미스 / 박범수	16,000원
199 유인원, 사이보그, 그리고 여자	D. 해러웨이 / 민경숙	25,000원

200 공동생활 속의 개인주의　　F. 드 생글리 / 최은영　　20,000원
201 기식자　　M. 세르 / 김웅권　　24,000원
202 연극미학 ─ 플라톤에서 브레히트까지의 텍스트들　J. 셰레 外 / 홍지화　　24,000원
203 철학자들의 신　　W. 바이셰델 / 최상욱　　34,000원
204 고대 세계의 정치　　모제스 I 핀레이 / 최생열　　16,000원
205 프란츠 카프카의 고독　　M. 로베르 / 이창실　　18,000원
206 문화 학습 ─ 실천적 입문서　　J. 자일스·T. 미들턴 / 장성희　　24,000원
207 호모 아카데미쿠스　　P. 부르디외 / 임기대　　근간
208 朝鮮槍棒敎程　　金光錫　　40,000원
209 자유의 순간　　P. M. 코헨 / 최하영　　16,000원
210 밀교의 세계　　鄭泰爀　　16,000원
211 토탈 스크린　　J. 보드리야르 / 배영달　　19,000원
212 영화와 문학의 서술학　　F. 바누아 / 송지연　　22,000원
213 텍스트의 즐거움　　R. 바르트 / 김희영　　15,000원
214 영화의 직업들　　B. 라트롱슈 / 김경온·오일환　　16,000원
215 소설과 신화　　이용주　　15,000원
216 문화와 계급 ─ 부르디외와 한국 사회　홍성민 外　　18,000원
217 작은 사건들　　R. 바르트 / 김주경　　14,000원
218 연극분석입문　　J. -P. 링가르 / 박형섭　　18,000원
219 푸코　　G. 들뢰즈 / 허 경　　17,000원
220 우리나라 도자기와 가마터　　宋在璇　　30,000원
221 보이는 것과 보이지 않는 것　　M. 퐁티 / 남수인·최의영　　근간
222 메두사의 웃음/출구　　H. 식수 / 박혜영　　19,000원
223 담화 속의 논증　　R. 아모시 / 장인봉　　20,000원
224 포켓의 형태　　J. 버거 / 이영주　　근간
225 이미지심벌사전　　A. 드 브리스 / 이원두　　근간
226 이데올로기　　D. 호크스 / 고길환　　16,000원
227 영화의 이론　　B. 발라즈 / 이형식　　20,000원
228 건축과 철학　　J. 보드리야르·J. 누벨 / 배영달　　16,000원
229 폴 리쾨르 ─ 삶의 의미들　　F. 도스 / 이봉지 外　　근간
230 서양철학사　　A. 케니 / 이영주　　29,000원
231 근대성과 육체의 정치학　　D. 르 브르통 / 홍성민　　20,000원
232 허난설헌　　金成南　　16,000원
233 인터넷 철학　　G. 그레이엄 / 이영주　　15,000원
234 사회학의 문제들　　P. 부르디외 / 신미경　　23,000원
235 의학적 추론　　A. 시쿠렐 / 서민원　　20,000원
236 튜링 ─ 인공지능 창시자　　J. 라세구 / 임기대　　16,000원
237 이성의 역사　　F. 샤틀레 / 심세광　　근간
238 朝鮮演劇史　　金在喆　　22,000원
239 미학이란 무엇인가　　M. 지므네즈 / 김웅권　　23,000원
240 古文字類編　　高 明　　40,000원
241 부르디외 사회학 이론　　L. 핀토 / 김용숙·김은희　　20,000원

242 문학은 무슨 생각을 하는가?　P. 마슈레 / 서민원　23,000원
243 행복해지기 위해 무엇을 배워야 하는가?　A. 우지오 外 / 김교신　18,000원
244 영화와 회화: 탈배치　P. 보니체 / 홍지화　18,000원
245 영화 학습 — 실천적 지표들　F. 바누아 外 / 문신원　16,000원
246 회화 학습 — 실천적 지표들　F. 기블레 / 고수현　근간
247 영화미학　J. 오몽 外 / 이용주　24,000원
248 시 — 형식과 기능　J. L. 주베르 / 김경온　근간
249 우리나라 옹기　宋在璇　40,000원
250 검은 태양　J. 크리스테바 / 김인환　27,000원
251 어떻게 더불어 살 것인가　R. 바르트 / 김웅권　근간
252 일반 교양 강좌　E. 코바 / 송대영　근간
253 나무의 철학　R. 뒤마 / 송형석　근간
254 영화에 대하여 — 에이리언과 영화철학　S. 멀할 / 이영주　18,000원
255 문학에 대하여 — 문학철학　H. 밀러 / 최은주　근간
256 미학　라영균 外 편역　근간
257 조희룡 평전　김영회 外　18,000원
258 역사철학　F. 도스 / 최생열　근간
259 철학자들의 동물원　A. L. 브라 쇼파르 / 문신원　22,000원
260 시각의 의미　J. 버거 / 이용은　근간
261 들뢰즈　A. 괄란디 / 임기대　근간
262 문학과 문화 읽기　김종갑　16,000원
263 과학에 대하여 — 과학철학　B. 리들리 / 이영주　근간
264 장 지오노와 서술 이론　송지연　근간
265 영화의 목소리　M. 시옹 / 박선주　근간
266 사회보장의 발견　J. 당즐로 / 주형일　근간
267 이미지와 기호　M. 졸리 / 이선형　근간
268 위기의 식물　J. M. 펠트 / 이충건　근간
269 중국 소수민족의 원시종교　洪 熹　18,000원
270 영화감독들의 영화 이론　J. 오몽 / 곽동준　근간
271 중첩　J. 들뢰즈 · C. 베네 / 허희정　근간
272 디디에 에리봉과의 대담　J. 드메질 / 송대영　근간
273 중립　R. 바르트 / 김웅권　근간
1001 베토벤: 전원교향곡　D. W. 존스 / 김지순　15,000원
1002 모차르트: 하이든 현악 4중주곡　J. 어빙 / 김지순　14,000원
1003 베토벤: 에로이카 교향곡　T. 시프 / 김지순　18,000원
1004 모차르트: 주피터 교향곡　E. 시스먼 / 김지순　근간
1005 바흐: 브란덴부르크 협주곡　M. 보이드 / 김지순　근간
2001 우리 아이들에게 어떤 지표를 주어야 할까?　J. L. 오베르 / 이창실　16,000원
2002 상처받은 아이들　N. 파브르 / 김주경　16,000원
2003 엄마 아빠, 꿈꿀 시간을 주세요!　E. 부젱 / 박주원　16,000원
2004 부모가 알아야 할 유치원의 모든 것들　N. 뒤 소수와 / 전재민　근간
2005 부모들이여, '안 돼'라고 말하라!　P. 들라로슈 / 김주경　근간

2006 엄마 아빠, 전 못하겠어요!	E. 리공 / 이창실	근간
3001 《새》	C. 파글리아 / 이형식	13,000원
3002 《시민 케인》	L. 멀비 / 이형식	근간
3101 《제7의 봉인》 비평연구	E. 그랑조르주 / 이은민	근간
3102 《쥘과 짐》 비평연구	C. 르 베르 / 이은민	근간

【기 타】

▨ 모드의 체계	R. 바르트 / 이화여대기호학연구소	18,000원
▨ 라신에 관하여	R. 바르트 / 남수인	10,000원
▨ 說 苑 (上·下)	林東錫 譯註	각권 30,000원
▨ 晏子春秋	林東錫 譯註	30,000원
▨ 西京雜記	林東錫 譯註	20,000원
▨ 搜神記 (上·下)	林東錫 譯註	각권 30,000원
▩ 경제적 공포(메디치賞 수상작)	V. 포레스테 / 김주경	7,000원
▩ 古陶文字徵	高 明·葛英會	20,000원
▩ 고독하지 않은 홀로되기	P. 들레름·M. 들레름 / 박정오	8,000원
▩ 그리하여 어느날 사랑이여	이외수 편	4,000원
▩ 딸에게 들려 주는 작은 지혜	N. 레흐레이트너 / 양영란	6,500원
▩ 너무한 당신, 노무현	현택수 정치 풍자 칼럼집	10,000원
▩ 노력을 대신하는 것은 없다	R. 쉬이 / 유혜련	5,000원
▩ 노블레스 오블리주	현택수 사회비평집	7,500원
▩ 미래를 원한다	J. D. 로스네 / 문 선·김덕희	8,500원
▩ 사랑의 존재	한용운	3,000원
▩ 산이 높으면 마땅히 우러러볼 일이다	유 향 / 임동석	5,000원
▩ 서기 1000년과 서기 2000년 그 두려움의 흔적들	J. 뒤비 / 양영란	8,000원
▩ 서비스는 유행을 타지 않는다	B. 바게트 / 정소영	5,000원
▩ 선종이야기	홍 희 편저	8,000원
▩ 섬으로 흐르는 역사	김영회	10,000원
▩ 세계사상	창간호~3호: 각권 10,000원 / 4호: 14,000원	
▩ 십이속상도안집	편집부	8,000원
▩ 어린이 수묵화의 첫걸음(전6권)	趙 陽 / 편집부	각권 5,000원
▩ 오늘 다 못다한 말은	이외수 편	7,000원
▩ 오블라디 오블라다, 인생은 브래지어 위를 흐른다	무라카미 하루키 / 김난주	7,000원
▩ 이젠 다시 유혹하지 않으련다	P. 쌍소 / 서민원	9,000원
▩ 인생은 앞유리를 통해서 보라	B. 바게트 / 박해순	5,000원
▩ 자기를 다스리는 지혜	한인숙 편저	10,000원
▩ 천연기념물이 된 바보	최병식	7,800원
▩ 原本 武藝圖譜通志	正祖 命撰	60,000원
▩ 테오의 여행 (전5권)	C. 클레망 / 양영란	각권 6,000원
▩ 한글 설원 (상·중·하)	임동석 옮김	각권 7,000원
▩ 한글 안자춘추	임동석 옮김	8,000원
▩ 한글 수신기 (상·하)	임동석 옮김	각권 8,000원

東文選 現代新書 9

텔레비전에 대하여

피에르 부르디외

현택수 옮김

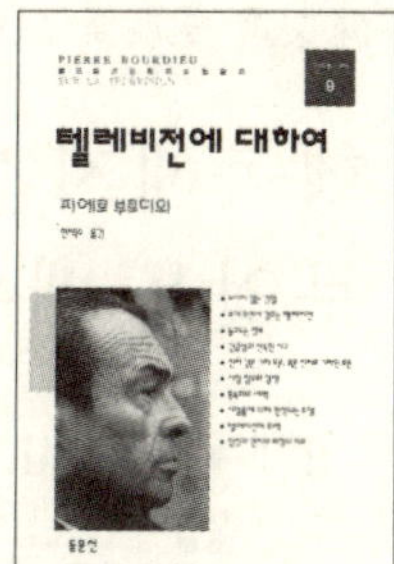

　　텔레비전으로 방송된 이 두 개의 콜레주 드 프랑스에서의 강의는 명쾌하고 종합적인 형태로 텔레비전 분석을 소개하고 있다. 첫번째 강의는 텔레비전이라는 작은 화면에 가해지는 보이지 않는 검열의 메커니즘을 보여 주고, 텔레비전의 영상과 담론의 인위적 구조를 만드는 비밀들을 보여 주고 있다. 두번째 강의는 저널리즘계의 영상과 담론을 지배하고 있는 텔레비전이 어떻게 서로 다른 영역인 예술·문학·철학·정치·과학의 기능을 깊게 변화시키는지를 설명하고 있다. 이러한 현상은 시청률의 논리를 도입하여 상업성과 대중 선동적 여론의 요구에 복종한 결과이다.

　　이 책은 프랑스에서 출판되자마자 논쟁거리가 되면서, 1년도 채 안 되어 10만 부 이상 팔려 나가 베스트셀러 리스트에 오르고, 세계 각국에서 번역되어 읽혀지고 있는 피에르 부르디외의 최근 대표작 중 하나이다. 인문사회과학 서적으로서 보기 드문 이같은 성공은, 프랑스 및 세계 주요국의 지적 풍토를 말해 주고 있다. 이처럼 이 책이 독자 대중의 폭발적인 반응과 기자 및 지식인들의 지속적인 반향을 불러일으키는 이유는, 세계적으로 잘 알려진 그의 학자적·사회적 명성 때문이기도 하지만 무엇보다도 언론계 기자·지식인·교양 대중들 모두가 관심을 가질 만한 논쟁적인 내용을 담고 있기 때문이다.

東文選 文藝新書 243

행복해지기 위해 무엇을 배워야 하는가

알랭 우지오 [외]

김교신 옮김

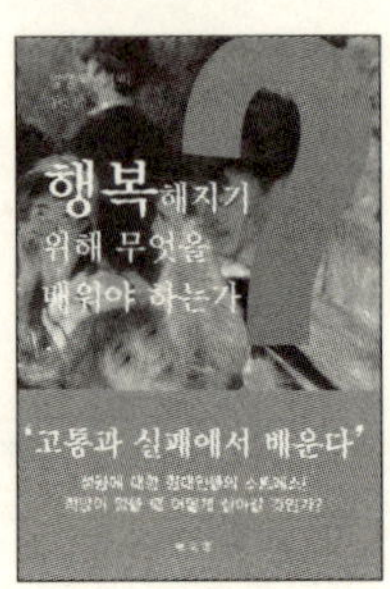

아니, 행복해지는 법을 배울 수 있기라도 한 것일까? 행복하지 않다면 그 인생은 실패한 인생이란 말인가? 그리고 실패한 인생은 불행한 인생이고, 이는 아니 삶만 못한 것일까? ……현대인들은 과거의 그 어떤 조상들이 누렸던 것보다도 더한 풍족함 속에서도 끊임없이 '행복에 대한 강박증'에 시달린다. 행복은 이제 의무이자 종교이다. "행복하라, 그렇지 않으면……"

프랑스 개혁교회 목사인 알랭 우지오의 기획아래 오늘날 프랑스에서 가장 영향력 있는 22명의 각계의 유명인사들이 모여 "행복해지는 법'에 대한 지혜를 짜 모았다.

- 실패로부터 이익을 끌어낼 수 있을까?
- 고통은 의미가 있을까?
- 행복해지는 법을 배울 수 있을까?
- 신앙은 삶에 도움을 줄 수 있을까?
- 자신의 감정을 두려워해야 할까?
- 더 이상 희망이 없을 땐 어떻게 살아야 할까?
- 타인을 받아들이는 법을 배울 수 있을까?
- 자기 자신을 사랑하는 법을 배울 수 있을까?

마지막으로 알랭 우지오는 행복해지기 위한 세 가지 기술을 제시한다. 먼저 신뢰 속에 살아 있다는 느낌, 그 다음엔 태평함과 거침없음, 그리고 마지막으로 삶에 대한 단순한 사랑으로 '거저' 사는 기쁨. 하지만 이 세가지 중에서 가장 중요한 것은 변명도 이유도 없는 것에 대한 사랑, 삶에 대한 사랑이다.

東文選 現代新書 1

21세기를 위한 새로운 엘리트

FORSEEN 연구소 (프)

김경현 옮김

우리 사회의 미래를 누르고 있는 경제적·사회적 그리고 도덕적 불확실성과 격변하는 세계에서 새로운 지표들을 찾는 어려움은 엘리트들의 역할과 책임에 대한 재고를 요구한다.

엘리트의 쇄신은 불가피하다. 미래의 지도자들은 어떠한 모습을 갖게 될 것인가? 그들은 어떠한 조건하의 위기 속에서 흔들린 그들의 신뢰도를 다시금 회복할 수 있을 것인가? 기업의 경영을 위해 어떠한 변화를 기대해야 할 것인가? 미래의 결정자들을 위해서 어떠한 교육이 필요한가? 다가오는 시대의 의사결정자들에게 필요한 자질들은 어떠한 것들일까?

이 한 권의 연구보고서는 21세기를 이끌어 나갈 엘리트들에 대한 기대와 조건분석을 시도하고 있으며, 구체적으로 그들이 담당할 역할과 반드시 갖추어야 될 미래에 대한 비전을 제시하고 있다.

본서는 프랑스의 세계적인 커뮤니케이션 그룹인 아바스 그룹 산하의 포르셍 연구소에서 펴낸 《미래에 대한 예측총서》 중의 하나이다. 63개국에 걸친 연구원들의 활동을 바탕으로 세계적인 차원에서 우리 사회를 변화시키게 될 여러 가지 추세들을 깊숙이 파악하고 있다.

사회학적 추세를 연구하는 포르셍 연구소의 이번 연구는 단순히 미래를 예측하는 데에 그치는 것이 아니라, 미래를 준비하는 자들로 하여금 보충적인 성찰의 요소들을 비롯해서, 그들을 에워싸고 있는 세계에 대한 보다 넓은 이해를 지닌 상태에서 행동하고 앞날을 맞이하게끔 하기 위해서 이 관찰을 활용하자는 것이다.

東文選 現代新書 129

번영의 비참
— 종교화한 시장 경제와 그 적들

파스칼 브뤼크네르 / 이창실 옮김

'2002 프랑스 BOOK OF ECONOMY賞' 수상
'2002 유러피언 BOOK OF ECONOMY賞' 특별수훈

번영의 한가운데서 더 큰 비참이 확산되고 있다면 세계화의 혜택은 무엇이란 말인가?

모든 종교와 이데올로기가 붕괴되는 와중에 그래도 버티는 게 있다면 그건 경제다. 경제는 이제 무미건조한 과학이나 이성의 냉철한 활동이기를 그치고, 발전된 세계의 마지막 영성이 되었다. 이 준엄한 종교성은 이렇다 할 고양된 감정은 없어도 제의(祭儀)에 가까운 열정을 과시한다.

이 신화로부터 새로운 반체제 운동들이 사람들의 마음을 사로잡는다. 시장의 불공평을 비난하는 이 운동들은 지상의 모든 혼란의 원인이 시장에 있다고 본다. 그러나 실상은 그렇게 하면서 시장을 계속 역사의 원동력으로 삼게 된다. 신자유주의자들이나 이들을 비방하는 자들 모두가 같은 신앙으로 결속되어 있는 만큼 그들은 한통속이라 할 수 있다.

그렇다면 우리가 벗어나야 하는 것은 자본주의가 아니라 경제만능주의이다. 사회 전체를 지배하려 드는 경제의 원칙, 우리를 근면한 햄스터로 실추시켜 단순히 생산자·소비자 혹은 주주라는 역할에 가두어두는 이 원칙을 너나없이 떠받드는 상황에서 벗어나야 한다. 일체의 시장 경제 행위를 원위치에 되돌려 놓고 시장 경제가 아닌 자리를 되찾아야 한다. 이것은 우리 삶의 의미와도 직결되는 문제이기 때문이다.

파스칼 브뤼크네르: 1948년생으로 오늘날 프랑스에서 가장 영향력 있는 에세이스트이자 소설가이기도 하다. 그는 매 2년마다 소설과 에세이를 번갈아 가며 발표하고 있다. 주요 저서로는 《순진함의 유혹》(1995 메디치상), 《아름다움을 훔친 자들》(1997 르노도상), 《영원한 황홀》 등이 있으며, 1999년에는 프랑스에서 가장 많이 팔린 작가로 뽑히기도 하였다.

東文選 現代新書 153

세계의 폭력

장 보드리야르 / 에드가 모랭
배영달 옮김

충격으로 표명된 최초의 논평 이후 2001년 9월 11일의 뉴욕 테러 사건을 어떻게 해석해야 할까? 미국 영토에서 발생한 테러리즘에 대한 이 눈길을 끄는 표현은 무엇을 의미하는 것일까?

아랍세계연구소에서 개최된 이 두 강연을 통해서, 장 보드리야르와 에드가 모랭은 이 사건을 '세계화'의 현재의 풍경 속에 다시 놓고 생각한다.

보드리야르의 관점에서 보면 쌍둥이 빌딩이라는 거만한 건축물은 쌍둥이 빌딩의 파괴와 무관하지 않으며, 금융의 힘과 승승장구하던 자유주의에 바쳐진 세계의 상징적 붕괴와 무관하지 않다. "극단적으로 말해서 테러리스들이 이 일을 저질렀지만, 그것은 우리가 원하는 바였다."고 그는 역설한다.

자신이 심사숙고한 중요한 주제들이 발견되는 한 텍스트를 통해, 에드가 모랭은 테러 행위를 가능하게 만들었던 역사적 조건들을 상기시키고, 나아가 다른 미래를 창조하기 위해 세계적인 자각에 호소한다.

이 두 강연은 현대 테러리즘의 의미와, 이 절대적 폭력이 탄생할 수 있는 세계의 상황을 이해하는 데 매우 중요한 것이 되고 있다.

東文選 文藝新書 173

세계의 비참 (전3권)

피에르 부르디외 外

김주경 옮김

사회적 불행의 형태에 대한 사회학적 투시——피에르 부르디외와 22명의 사회학자들의 3년 작업. 사회적 조건의 불행, 사회적 위치의 불행, 그리고 개인적 고통에 대한 그들의 성찰적 지식 공개.

우리의 삶 한편에는 국민들의 일상적인 삶에 대해 무지한 정치 책임자들이 있고, 그 다른 한편에는 힘겹고 버거운 삶에 지쳐서 하고 싶은 말조차 할 수 없는 사람들이 있다. 이들을 바라보면서 어떤 사람들은 여론에 눈을 고정시키기도 하고, 또 어떤 사람들은 그들의 불행에 대해 항의를 표하기도 한다. 물론 이들이 항의를 할 수 있는 것은 자신들이 그 불행에서 벗어나 있기에 가능한 것이다.

여기 한 팀의 사회학자들이 피에르 부르디외의 지휘 아래 3년에 걸쳐서 몰두한 작업이 있다. 그들은 대규모 공영주택 단지·학교·사회복지회 직원, 노동자, 하층 무산계급, 사무직원, 농부, 그리고 가정이라는 세계 속에 비참한 사회적 산물이 어떠한 현대적인 형태를 띠고 나타나는지를 이해하고자 했다. 그들이 본 각각의 세계에는 저마다 고유한 갈등 구조들이 형성되어 있었고, 그 안에서 발생하는 고통을 직접 몸으로 체험한 자들만이 말할 수 있는 진실들이 있었다.

이 책은 버려진 채 병원에 누워 있는 전직 사회복지 가정방문원이라든가, 노동자 계층의 고아 출신인 금속기계공, 정당한 권리를 찾지 못하고 떠돌아다닐 수밖에 없는 집 없는 사람들, 도시 폭력의 희생자가 된 고등학교 교장과 교사들, 빈민 교외 지역의 하급 경찰관, 그리고 이들과 함께 살아가는 수많은 사람들의 만성적이면서도 새로운 삶의 고통을 이야기한다.